복 있는 사람

오직 여호와의 율법을 즐거워하여 그 율법을 주야로 묵상하는 자로다.
저는 시냇가에 심은 나무가 시절을 좇아 과실을 맺으며 그 잎사귀가 마르지 아니함 같으니
그 행사가 다 형통하리로다. (시편 1:2-3)

목사라는 호칭이 발화될 때 사람들은 어떤 감정을 느낄까? 안심이나 위안을 느낄까? 영감이나 활기의 원천이 될까? 오늘날 한국의 현실에서 목사라는 호칭은 그런 감정보다는 부정적인 감정을 불러일으킬 때가 많다. 그리스도를 따르는 자로서의 정체성을 품고 살기보다 이끄는 자가 되려 하기 때문이다. 유진 피터슨은 길고 길었던 목회 여정 중에 깨달은 것들을 아들에게 솔직하고 따뜻하게 들려준다. 적어도 다른 이들을 오도하지 않는 목회자가 되려는 이들이라면, 유진 피터슨이 보낸 편지의 수신인이 되었으면 좋겠다. 이 책에서 나는 "목사가 할 수 있는 가장 위대한 일은 사람들을 존엄하게 대하는 것"이라는 말을 가슴에 새겼다.

김기석(청파교회 담임목사)

어떤 영성가의 글을 읽다 보면 '이 사람의 사생활은 어떠할까?'라는 질문을 하게 된다. 그의 글에서 느끼는 영성과 성품의 향기가 그의 일상의 삶에 얼마나 진하게 퍼져 있을지 궁금해진다. 이 책은 그동안 유진 피터슨의 영성과 사상에 매료되었던 사람들에게 그의 사적 영역에 들어가 보는 경험을 제공한다. 그리고 아들 목사가 증언하듯, 그의 영성과 사상이 그의 일상의 삶에 성육화되었다는 사실을 확인하게 된다. 그뿐 아니라 영성과 삶과 신앙에 관한 따뜻하고 감동적인 통찰과 영감들을 만나게 된다. 그가 자신의 믿음대로 매일을 살아간 신실한 믿음의 사람이었다는 사실을 확인하며 고개 숙인다. 오늘의 한국 교회 상황에서 무엇을 위해, 왜, 어떻게 목회해야할지 몰라 고민하는 목회자라면, 이 책에서 따뜻한 위로와 함께 마땅히 가야 할 길을 찾을 수 있을 것이다.

김영봉(와싱톤사귐의교회 담임목사)

목사이면서 목사의 정체성을 재정의해서라도 목사로 '덜' 살려고 안간힘을 써 왔다. 목사처럼 살면 망가질 것 같았고, 목사직은 사람이 할 일은 아닌 듯 너무 가혹해 보였다. 유진 피터슨은 여전히 어정쩡하고 엉성하며 두려워 서성이는 내게 목사는 이끄는 자(leader)이기 전에 예수 따르는 자(follower)라고, 탁월한 사역자가 되기보다 좋은 사람이 되라고 말한다. "목사의 독특성 중 하나는 소위 다른 전문가들보다 업무에서 훨씬 더 많은 실수를 저지른다는 것이지. 목사는 자기도 잘 알지 못하는 어떤 것을 증언해야 하고 구원과 섭리의 신비 안에서 살아가야 한다." 그의 편지를 읽으며 통곡했다. 정말 몰랐다. 참으로 많이 모르고도 그동안 목사로 너무나 오래 살았다. 이 책을 다 읽고 어느 순간 '이제 목사여도 좋겠다'는 생각이 들었다. 이 시대의 젊은 디모데들에게, 목사를 이해하고 돕고 싶어 하는 모든 선한 친구들에게 이 편지를 권한다.

박대영(광주소명교회 책임목사)

아들 생각에 기뻐 편지를 쓰지만, 다른 세대를 향한 일방적 훈수의 무의미함을 아버지는 잘 안다. 유진 피터슨은 자신이 거쳐 온 다사다난한 목회 여정과 거기서 만난 여러 생각들을 마치 친구에게 전하듯 함께 나눈다. 그래서 그의 편지는 시효가 지난 꼰대의 텅 빈 '나 때는 말이야'가 아니라, 자신의 시대를 충실히 살았던 노장 목회자의 겸허한 체험담이다. 구체적인 질문에 구체적인 답을 줄 때조차 그의 언어는 신중하다. 이 편지들을 통해 아들은 아버지의 경험과 생각을 따뜻하게 품으며 되새겼을 것이고, 그 사색의 과정을 통해 새 세대의 목회를 위한 지혜와 용기를 찾아 나갔을 것이다. 그야말로 온고지신의 멋진 사례인 셈이다. 이 책은 부자간의 이야기이자 목사들 사이의 이야기이지만, 누가 읽어도 깊은 생각과 배움의 기회를 얻을 수 있는 우리 시대 그리스도인을 위한 선물이다.

권연경(숭실대학교 기독교학과 교수)

젊은 목사에게 보내는 편지

Eric E. Peterson·Eugene H. Peterson

Letters to a Young Pastor
: Timothy Conversations between Father and Son

젊은 목사에게 보내는 편지

에릭 피터슨 ∞ 유진 피터슨 | 홍종락 옮김

복 있는 사람

젊은 목사에게 보내는 편지

2020년 9월 15일 초판 1쇄 발행
2021년 1월 27일 초판 4쇄 발행

지은이 에릭 피터슨·유진 피터슨
옮긴이 홍종락
펴낸이 박종현

도서출판 복 있는 사람
주소 서울특별시 마포구 연남동 246-21(성미산로23길 26-6)
전화 02-723-7183(편집), 7734(영업 · 마케팅)
팩스 02-723-7184
이메일 hismessage@naver.com
등록 1998년 1월 19일 제1-2280호

ISBN 978-89-6360-369-8 03230

이 도서의 국립중앙도서관 출판예정도서목록(CIP)은
서지정보유통지원시스템 홈페이지(http://seoji.nl.go.kr)와 국가자료공동목록시스템
(http://www.nl.go.kr/kolisnet)에서 이용하실 수 있습니다. (CIP 제어번호: 2020032385)

목회라는 고귀한 사역을 수행하는 목사들에게
이 책을 바칩니다.

차례

서문

1980년 여름의 화창한 날, 아버지와 나는 몬태나 주 레이크사이드에서 워싱턴 주 스포캔을 오가는 여행을 했다. 표면상 여행의 목적은 휘트워스 대학교가 제대로 된 교양교육을 제공하는 곳인지 확인하는 것이었다(과연 그러했고, 나는 그 교정에서 즐겁고 심오한 삼 년의 형성기를 보냈다). 하지만 자주 그렇듯, 그 여행에는 목적 너머의 목적들이 있었다. 학교를 직접 방문하여 확인하는 기회는 훨씬 더 의미심장하고 지속적인 결과로 이어졌다. 즉 그 일이 씨앗이 되어 우리 부자간의 관계가 더욱 깊어지고 발전하게 되었다.

그날 차에서 아버지와 함께 보낸 여덟 시간은 다양한 주제를 아우르는 지속적인 대화에 집중할 수 있는 기회가 되었다. 오랜 세월이 지난 일이라 그날의 세부 내용은 대부분 잊었지만, 우리가 지리에 대해, 특히 마지막 빙하 시대의 빙하 침식과 미줄라 대홍

수에 대해 이야기했던 기억이 난다. 두 현상은 모두 그 지역의 지리를 형성했는데, 첫 번째 현상은 서서히, 두 번째 현상은 급속히 지역의 모습을 바꾸었다. 우리는 사랑과 남녀 관계에 대해서도 말했다. 나는 사랑했던 아름다운 소녀가 얼마 전 이사를 가서 이별의 아픔을 느끼고 있었다. 우리는 예레미야 선지자에 대해서도 이야기했다. 그는 젊은 나이에 하나님의 부르심을 받았고, 아버지가 목회자였던 나는 그와 나를 동일시하게 된 터였다. 아버지는 예레미야에 대한 이 대화를 계기로 가을에 시리즈 설교를 하셨고, 그 설교는 이후 『주와 함께 달려가리이다』[*]로 발전했다. 아버지는 그 책을 "한 목회자의 아들이기도 한 에릭"에게 헌정하셨다.

다음 날 아침, 플랫헤드 호수에서 같이 수영을 하다가 나는 아버지에게 전날의 대화가 너무 좋았다고 말했고 집에 돌아가서도 그런 대화를 이어갈 수 있는지 물었다. 그해 가을에 메릴랜드로 돌아온 뒤, 우리는 시간을 정해 데이트를 했다. 나는 고등학교 3학년 내내 화요일 오후마다 자전거를 타고 교회에 있는 아버지의 서재로 갔다. 데이트 순서는 단순했다. 우리는 목회서신 한 권의 한 단락을 읽은 뒤 그것을 발판으로 삼아 각자의 사역(당시 나는 영라이프선교회에 참여하고 있었다)을 되돌아보고 숙고했고 같이 기도했다. 아버지와 나는 그 시간을 '우리의 디모데 대화'라고 불렀다.

---

* Eugene H. Peterson, *Run with the Horses: The Quest for Life at Its Best*, commemorative ed.(Downers Grove, IL: IVP Books, 2019); 『주와 함께 달려가리이다』, 홍병룡 역(서울: IVP, 2019).

그로부터 십육 년 후, 나는 교회 개척 첫해라는 치열하고 힘겨운 환경에 처해 있었다. 좋은 학교를 다녔고 충실한 신학 교육을 받았지만, 교회를 처음부터 조직하는 일에 대해서는 거의 아무 것도 배운 바가 없었다. 어찌할 바를 몰랐고, 스스로가 무능하게 느껴졌다. 실패의 두려움이 수시로 밀려왔다. 입 밖에 내지는 못했지만 엉뚱한 사람이 불려 왔다는 확신이 들었다. 그래서 즉흥적으로 전화기를 집어 들고 이 미로를 헤쳐 나가도록 나를 이끌어 줄 것이라고 믿은 유일한 사람에게 전화를 걸었다. "아빠, 목사 안수를 받은 지 칠 년이 지났는데, 아직도 저는 제 일을 모르는 것 같아요. 목회 소명을 성찰하는 편지를 좀 써 주시겠어요?"

수화기 반대편에서 짧은 침묵이 흐르는 동안, 나는 아버지가 이런 말씀을 하실 것 같은 생각이 들었다. "사실은 내가 목회신학을 다룬 책을 몇 권 썼지. 그 책들을 읽으면 되겠구나." 그러나 아버지는 거리낌 없이 "그럼!"이라고 대답하셨다. 마치 그동안 전화벨이 울리기를 기다리고 있었다는 듯이.

나의 제안에 대한 아버지의 열렬한 반응을 접하자 문득 십대 시절의 어떤 순간이 떠올랐다. 그때는 나나 아버지나 각자의 일을 하느라 바쁜 시기였고, 우리가 함께 있는 일은 거의 없었다. 그러던 어느 오후, 내가 현관문을 열고 집안으로 들어갔더니 아버지가 소파에 누워 칼 바르트의 두꺼운 『교회 교의학』을 읽고 계셨다. 나는 아버지 맞은편 의자에 앉았는데, 아버지는 즉시 똑바로 앉더니 책을 덮어 옆으로 치우셨다. 그러고 나서 몸을 앞으로 기울여 내가 하는 말에 집중하셨다. 읽고 있던 쪽을 표시하지도 않으셨다. 마치 내가 나타나기만을 기다리며 죽은 독일 신학자와 지루한 시간을 보내고 있었던 것 같았다.

그날 수화기 건너편, 북서부 세 개 주 너머에서 들려온 아버지의 반응은 그때와 똑같은 느낌을 주었다. 나의 삶, 나의 세계로 들어와 달라는 초청이 오기만을 기다리며 시간을 허비하고 있었던 것 같은 반응이었다.

그렇게 해서 의도적 서신 교환이 시작되었고, 아버지와 나는 함께 목회 소명에 관하여 성찰했다. 우리는 이 편지들을 '디모데 서신들'이라고 불렀다. "믿음 안에서 참 아들"인* 젊은 목사에게 보낸 바울의 편지처럼 목회생활과 관련된 조언, 격려, 멘토링이 가득 담긴 편지들이었다.

아버지는 긴 생애와 목회 기간에 걸쳐─목회를 말하지 않고 아버지의 생애를 이야기하는 것은 불가능하다─많은 설교와 강연을 하셨고 수십 권의 책을 쓰셨다. 아버지가 남긴 많고 많은 글들을 찾아볼 수 있다. 그러나 유진 피터슨이라는 사람의 최고의 모습은 대화를 나눌 때 드러난다. 아버지에 대해 다른 여러 말을 할 수 있겠지만, 그분은 본질적으로 관계중심적인 분이었다. 아버지의 삶은 성육신 교리에 뿌리를 두고 있었고, 구원과 자유의 문제에서 모든 것은 관계 안에서, 즉 육신의 삶과 공동체 안에서 함

•   디모데전서 1:2.

13

께하는 삶으로 해결된다. 함께 식사를 하며 한두 시간 느긋하게 있고, 같이 앉아 방해받지 않고 대화를 나누는 것. 아버지와의 관계를 이어가기에 그만한 것이 없었다. 하지만 그것이 늘 가능하지 않은 상황에서는 서신 교환이 차선책이었다. 성인이 되고 난 뒤 나는 보통 아버지와 차로 네 시간이 넘게 걸리는 거리에 떨어져 살았다. 얼굴을 맞대고 대화하는 일은 줄었지만, 서신 교환은 우리의 대화가 계속 이어지게 해주었다. 그뿐 아니라, 처음에는 거리가 멀어서 편지 쓰기로 만족할 수밖에 없었던 상황이었는데 오히려 직접 만나 대화했더라면 사라지고 말았을 내용을 보존하는 결과를 낳았다.

1929년에 프란츠 카푸스는 저명한 작가이자 철학자였던 라이너 마리아 릴케에게 오 년에 걸쳐(1903-1908) 받은 열 통의 편지를 모아 책으로 펴냈다. 『젊은 시인에게 보내는 편지』로 알려진 이 편지들은 인격적이고 훌륭하며 통찰력 있고 심지어 목회적이기까지 하다. 그러나 독자 입장에서는 두 사람이 주고받은 편지들 중 한 사람의 것밖에 없고, 다른 사람이 쓴 내용은 유추해야 한다. 카푸스는 그 대화에서 자기 부분을 뺀 이유를 설명이라도 하듯 서문에 이렇게 적었다. "참으로 위대하고 독보적인 사람이 이야기할 때 평범한 사람들은 입을 다물어야 합니다."[•]

•   Franz Kappus, introduction to *Letters to a Young Poet*, by Rainer Maria Rilke(Novato, CA: New World Library, 2000), p. 5; 『젊은 시인에게 보내는 편지』, 김재혁 역(서울: 고려대학교출판부, 2006).

이 책의 본문에는 십 년의 서신 교환에서 위대한 쪽이 쓴 서른일곱 통의 편지가 부분적인 편집을 거쳐 담겨 있다. 나는 이 편지들이 현자의 지속적인 지도가 필요한 다른 젊은 목사들과 그리 젊지 않은 목사들에게도 영속적 지혜를 전해 줄 것이라 믿는다. 유진 피터슨은 나의 아버지이다. 그러나 그는 내가 직간접적으로 알았던 이들 중에서 가장 거룩한 사람이기도 하다. 아버지의 인생이 없었다면 나는 지금과 같은 모습의 사람이자 목사로 빚어질 수 없었을 것이다. 독자들도 이 편지들을 통해 그분의 불후의 정신이 남긴 유산과 대화를 나누는 기회를 가지길 바란다.

에릭 유진 피터슨
2020년 오순절

연보

1962-1991년	유진이 메릴랜드 주 벨 에어에 그리스도 우리 왕 장로교회를 개척하여 29년간 이 교회의 목사로 섬기다.
1963년	에릭이 벨 에어에서 태어나다.
1976년	유진이 첫 번째 책 『거북한 십대, 거룩한 십대』*Growing Up with Your Teenager*를 출간하다(나중에 *Like Dew Your Youth*로 제목이 바뀜).
1980년	유진이 『한 길 가는 순례자』*A Long Obedience in the Same Direction*, 『목회의 기초』*Five Smooth Stones for Pastoral Work*를 출간하다.
1981년	에릭이 벨 에어 고등학교를 졸업하다.
1983년	유진이 『주와 함께 달려가리이다』*Run with the Horses*를 출간하고 "한 목회자의 아들이기도 한" 에릭에게 헌정하다.
1985년	에릭이 워싱턴 주 스포캔 소재 휘트워스 대학교를 졸업하다.
1990년	에릭이 프린스턴 신학교를 졸업하고 목사 안수를 받다.
1990-1997년	에릭이 워싱턴 주 타코마 소재 마린뷰 장로교회에서 협동목사로 섬기다.
1991-1992년	유진이 피츠버그 신학교 방문교수로 재직하며 『메시지 신약』을 번역하다.
1993-1998년	유진이 캐나다 밴쿠버 소재 리젠트 칼리지에서 영성신학 제임스 M. 휴스턴 석좌교수를 역임하다.
1993년	유진이 『메시지 신약』*The Message: The New Testament in Contemporary Language*과 『목회자의 영성』*The Contemplative Pastor*을 출간하다.

1997년-현재	에릭이 워싱턴 주 동부에 콜버트 장로교회를 개척하여 이 교회 목사로 섬기다.
1998년	유진이 은퇴하여 아내 잰과 몬태나 플랫헤드 호수로 이주하다.
1999년	유진과 에릭이 이 책의 기초가 되는 서신 교환을 시작하다.
2000년	유진이 마르바 던과의 공저 『껍데기 목회자는 가라』 *The Unnecessary Pastor*를 출간하다(에릭과의 서신 교환 기간에 출간된 첫 번째 책).
2001년	유진이 리젠트 칼리지 강연 시리즈인 '창조와 복음'에서 두 강연('시간이라는 선물', '공간이라는 선물')을 담당하다.
2002년	유진이 『메시지 완역본』을 출간하다.
2005년	리프 피터슨(에릭의 남동생)이 소설 『캐서린 휠스』 *Catherine Wheels*를 출간하다.
2005-2010년	유진이 '영성신학 시리즈' 『현실, 하나님의 세계』 *Christ Plays in Ten Thousand Places*, 2005, 『이 책을 먹으라』 *Eat This Book*, 2006, 『그 길을 걸으라』 *The Jesus Way*, 2007, 『비유로 말하라』 *Tell It Slant*, 2008, 『부활을 살라』 *Practice Resurrection*, 2010를 출간하다.
2006년	유진이 『일상, 부활을 살다』 *Living the Resurrection*를 출간하다.
2011년	유진이 회고록 『유진 피터슨』 *The Pastor*을 출간하다.
2018년	에릭이 『물속으로 들어가라』 *Wade in the Water*를 출간하다.
2018년 10월 22일	유진이 몬태나 주 레이크사이드에서 사망하다.
2019년 5월 10일	잰이 몬태나 주 칼리스펠에서 사망하다.

첫 번째 편지

∞

1999년 · 성탄절

에릭에게

우리의 공통 소명인 목회를 성찰하는 편지를 써 달라는 너의 부탁을 받고 이루 말할 수 없이 기뻤다(네 엄마도 마찬가지란다!). 그래서 네 전화를 받은 이후로 이 첫 번째 편지를 쓰고 고쳐 쓰기를 반복하면서(머릿속에서 말이다) 근사한 결과물을 만들어 보려 했는데 잘 안 되는구나. 바울이 디모데와 디도에게 쓴 편지 같은 걸작을 내놓아야 한다는 부담이 내게 있는 모양이다. 하지만 그건 내 능력 밖의 일이고, 이 늙은 아비가 줄 수 있는 것은 너와 내가 맡은 일을 이해해 보려는 시도가 담긴 이 편지뿐이구나.

목회의 소명을 생각할 때 가장 크게 다가오는 것은, 네가 사는 세상이 내가 성장하고 목회자가 되는 법을 배우려고 노력했던 세상과 너무나 다르다는 것이다. 이 사실을 생각하면 목회라는 일이 얼마나 상황 특정적인지 깨닫게 된단다. 목회 일에는 일반화시켜서 한 세대에서 다음 세대로 전해 줄 수 있는 내용이 많지 않아. 물론 기도와 성경, 사랑의 순종과 성례, 정직한 설교와 가르침이라는 본질은 언제나 동일하지. 그러나 세부 내용—목회 일은 세부 내용의 연속이라 할 수 있지—이 너무나 달라서 사실상 현장에서 모든 것을 처음부터 하나하나 만들어 가야 한단다. 사람들의 기대, 결혼생활과 자녀 양육의 중요 요소에 관한 견해, 노동과 직장, 음악과 예배, 금전 사용과 헌신의 본질에 대한 태도를 포함한 모든 것이 시대마다 상당히 다르기 때문에, 사람들을 예배와 제자의 삶으로 인도하려면 이 모든 세부 내용에 유의해야 하지. 그래야만 외부에서 그들에게 영성을 부과하는 모양새가 되지 않고, 그들 안에서 영성을 키워 낼 수 있단다.

이를테면, 인터넷과 같은 간편하고 언제 어디서나 이용할 수 있는 미디어들이 지식을 철저히 탈인격적인 것으로 만들고 쏟아지는 단순정보로 축소시켜 목회사역을 망치고 있다. 지식을 정보로 축소시키는 일은 언제나 가능했고 그런 현상을 악화시키는 세력도 구텐베르크 이후 줄곧 커져 왔지만, 오늘날은 알아야 할 거의 모든 것에 빠르게 접근할 수 있는 기술이 보편화되면서 인격과 지식의 연결이 파괴까지는 아니라도 걱정스러울 만큼 약화되었단다. 지식의 인격적 교환의 측면은 그 어느 때보다 약해졌고, 상품적 측면은 훨씬 강해졌다. 그래서 복음을 전하고 성경을 가르치고 인격적 성장을 이끄는 일이 그 어느 때보다 어려워졌지. 너의 상황이 나보다 더 안 좋은 것 같구나.

이런 현상 자체가 새로운 일은 결코 아니지만, 그 전례 없는 규모가 목회를 하는 데 영향을 미치게 되지. 사람들이 목사에게서 무의식적으로 찾는 내용을 보면 이런 현상을 분명히 감지할 수 있는데, 이제 사람들은 목사를 지식이나 진리를 찾기 위한 차원에서 바라보기보다 감정적 용어로 인식한단다. 목사라는 말을 들으면 안심과 위안 같은 감정, 영감과 활기의 원천, 자기를 옹호해 줄 인물 등을 떠올린다는 것이지.

하지만 목사직을 구성하는 가장 두드러지는 요소 중 하나는 인격성이란다. 행정, 가르침, 치료, 상담을 비롯한 모든 일이 이름을 가진 사람 안에서 이루어지지. 사람들은 목사의 말에 귀를 기울이고 그와 접촉하고, 목사의 이름을 부르고 그가 자신들의 이름을 불러 주기를 기대한단다. 이런 인격적 차원이 단지 기능적이고 감정적 영역으로 축소되면, 목사직의 절대적 권위는 크게 줄어들게 되지.

나는 지난 멜로디*와의 일을 가지고 이 문제를 생각해 보았단다. 내가 그 일을 속속들이 다 알지 못하니 그 사건이 가장 좋은 사례가 아닐 수도 있겠구나. 혹시 내가 헛다리를 짚었거든 이 부분은 그냥 걸러서 읽었으면 좋겠다. 아무튼 외부자인 내가 받은 인상에 따르면, 멜로디는 너의 많은 인격적 관심을 받고 네 사역

---

* 멜로디Melody는 콜버트 장로교회의 지휘자였다.

에 참여하게 되었다. 초기의 오해는 세세한 부분에서 많이 해결되었지. 너는 예배 인도에 따르는 책임과 다른 예배 인도자들과의 협력이 갖는 의미를 그녀에게 알려 주면서 관계에 많은 공을 들였다. 린**은 이 부분에서 애를 많이 썼고, 자기를 내세우지 않고 전체의 유익을 위해 일했어. 그러다 모든 것이 산산이 부서졌지. 멜로디가 예배 공동체에서 자신의 자리를 기본적으로 지위와 돈의 차원에서 이해했고, 지위와 돈은 인격적 관계와 완전히 분리되어 작용하기 때문에 벌어진 일이라 생각한다. 내가 가장 의미심장하게 여기는 대목은 그녀가 변호사를 고용하여 이 문제를 법정으로 가져가겠다고 위협했다는 것이다. 이런 종류의 갈등은 그리 드물지 않지만, 그녀가 보여준 변덕과 급한 성질, 그리고 그녀 쪽에서 너나 교인들에게 어떤 감정도 남아 있지 않은 듯 보였다는 것은 그녀의 생각이 크게 달라졌음을 알리는 징후 같구나. 그녀가 일을 대하는 자세는 기능과 지위와 돈 같은 비인격화된 범주들과 큰 관련이 있다. 우리는 인터넷(그리고 그와 관련된 현상들이 있는) 세상에서 살기 때문에 앞으로 이와 같은 일이 점점 더 많이 일어날 거라고 본다.

인격적 요소가 없다면 목사가 하는 일은 아무것도 아니고 목사가 떠받드는 대상도 아무것도 아니다. 목사는 최전선에서 이런 감수성 변화를 경험하고 있고, 항상 전략적으로 사고하면서 이에

** 린Lynn은 에릭의 첫 번째 아내이다. 그녀는 콜버트 장로교회가 처음 세워졌을 때 함께했다.

대응하기 위한 언어와 접근법들을 만들어 내야 한다.

좋은 소식은, 회중 안에 있는 목사가 이런 문화적 해악들에 대응할 수 있는 가장 효과적인 위치에 있다는 것이다. 주일예배 진행, 교인 심방, 상업적·상품적 생각들을 찾아보기 어려운 목사의 일, 그 일의 문화적 무용성, 이 모든 것 덕분에 목사는 하나님께 반응하는 삶을 발견하고 발전시키게 해줄 특별한 공동체를 기르는 부러워할 만하고 전략적인 생활 방식을 갖추게 된다. 하나님은 예수님 안에서 자신을 계시하시고 성령으로 일하셔서 각 사람의 독특성에 맞게 구원과 거룩함의 계시의 모든 부분을 제공하시는 분이다.

글쎄, 이 정도가 내가 성탄절 아침에 했던 몇 가지 생각이다. 소명을 추구하는 너의 모습에 감사하고 이번 주에도 네게 지혜와 은혜를 주시기를 기도하면서 생각을 정리해 보았다.

아빠가

두 번째 편지

∞

2000년 1월 16일 · 주현절 후 두 번째 주일

에릭에게

주일 오전이구나. 너는 회중을 이끌고 예배 준비를 하고 있겠지.
그들을 하나님께 데려가고 하나님을 그들에게 모셔오는 일 말이
다. 오늘 아침에는 일찍 눈이 떠져서 잠이 덜 깬 상태로 예배를 생
각했다. 비몽사몽간에 설교의 논지를 떠올리면서 그리스도 우리
왕 교회 설교단에 설 나를 그려 보았지. 그런데 어느 순간 잠이 달
아나면서 실망감이 찾아들더구나. 자주 있는 일은 아니다만, 이럴
때면 만회하기라도 하듯 콜버트 교회 강단에 들어서서 기도하고
설교하는 네 모습을 생각한단다.

지난 한 달은 글렌 에리에서 이번 주에 있을 내비게이토 강
연과 봄에 리젠트 칼리지에서 같은 내용으로 하게 될 강연 준비
에 전념했다. 이전에 이 강연에 대해 네게 몇 가지를 말했던 것 같

23

구나. 강연 주제인 '리더를 따르라'*는 작년 이맘때 우리가 함께 떠났던 이스라엘 여행 도중에 떠올린 것이거든. 예상보다 공을 많이 들여야 했지만 강연을 준비하게 되어 기뻤단다. 덕분에 목회를 하면서 겪었던 많은 일들을 돌아볼 기회를 가졌지.

이 주제를 택하게 된 계기는 근래에 목사의 신실함과 정직성을 시험하는 주된 유혹거리가 교회와 사회 전역에서 울려 퍼지는 **리더십**에 대한 강조라는 생각이 들었기 때문이야. 시중에는 리더십—효율적이고 성공적이며 강력한 리더가 되는 법—을 다룬 온갖 책과 컨퍼런스와 음성 자료들이 나와 있다. 리더십이 하나의 테크닉과 전략과 방법으로 정제되어 소개되고 있지. 그 내용이 유익하고 유용할지는 몰라도 그중 상당수는 목사가 되는 일과는 별 상관이 없단다.

모든 목사는 리더십에 대한 이런 이미지와 조언과 충고에 끊임없이 줄기차게 노출되곤 하지. 특히 교회를 새로 개척한 목사라면 그런 조언에 취약할 것이라 생각한다. 그를 뒷받침해 줄 몇 세대에 걸친 회중적 전통이나 리더십이 없는 상황에서 그의 손에 너무나 많은 일들이 달려 있으니 말이다. 그래서 강연 내용을 재차 살피면서 네 생각이 많이 났단다. 너는 지뢰밭과도 같은 이 영역을 조심조심 걸어가며 사람들과 협력하여 예수 그리스도의 교

---

* 여기서 '리더를 따르라'로 언급되는 강연은 이후 다음 책으로 출간되었다. *The Jesus Way: A Conversation on the Ways that Jesus Is the Way* (Grand Rapids, MI: Eerdmans, 2011); 『그 길을 걸으라』, 양혜원 역(서울: IVP, 2007).

회를 형성해 가고 있지.

나는 목사의 리더십이 학자들의 표현대로 '절대적으로 독특한 것'sui generis임을 새롭게 확신하게 되었단다. 목사의 리더십은 회사나 학교나 기업에서 이루어지는 리더십과는 전혀 다른 범주에 속한다. 바르트와 본회퍼는 그리스도인 회중의 독특성을 크게 강조했는데, 그들은 세례(너는 지난 이 년 동안 세례를 많이 베풀었고 그로 인해 매우 큰 유익을 끼쳐 왔지)가 인간을 이해하기 위한 일반적이고 사회학적인 어떤 범주에도 속하지 않는 정체성을 만들어 낸다고 말했지. 나는 목사의 정체성도 이와 마찬가지라고 생각한다.

우리는 매일 아침 침대에서 나오며 이렇게 기도한다. "주 예수 그리스도시여, 제가 주님을 따릅니다. 제 자신을 부인하고 제 십자가를 지고 주님을 따릅니다." 우리의 기본적 정체성은 리더(이끄는 자)가 아니라 팔로워(따르는 자)이다. 예수님은 우리에게 이끌라는 말씀 대신 따르라는 초대장을 주신다. 팔로워십이 리더십보다 앞서고 보다 포괄적이다.

작년에 우리 이스라엘 여행팀을 이끌었던 레이는 '랍비를 따르는 일'을 강조했다. 그는 그것이 아주 오래된 전통으로 그리스도 이전의 갈릴리까지 거슬러 올라간다고 확신했지. 그 이야기가 나온 이유는 우리 그룹 사람들이 늘 이렇게 말했기 때문이야. "레이, 오늘 우리 뭐 합니까? 어디로 가나요? 점심식사는 언제 합니까? 이 등산로는 왜 오르는 거지요?" 레이는 대답하지 않았어. 그저 가끔씩 이렇게 말하곤 했지. "잘 들으세요. 나는 어디로 가는지

압니다. 나를 믿으세요. 우리가 무엇을 할지 어디로 갈지 미리 말하면, 여러분의 머릿속에서 잘못된 생각들이 형성되기 시작해요. 믿음으로 걷는 일에는 자신이 모르는 것, 예상할 수 없는 것을 보고 듣는 데 열려 있는 자세가 포함됩니다. 랍비를 따르세요. 랍비가 본인의 타이밍에 맞춰 그의 방식으로 일하도록 맡기세요. 랍비가 바른 결정을 내리고 그가 원하는 곳으로 여러분을 데려갈 거라고 믿으세요." 레이의 그 말을 듣고서 예수님이 질문에 대답하지 않으신 적이 얼마나 많았는지 기억났지.

그래서 리더십 이야기가 난무하는 지금 이 주제를 생각한단다. 우리의 리더십에 명확하고 선명한 '비전 선언문'과 '달성 가능 목표'가 포함되면, 즉 우리가 어디로 가는지 알아야겠다는 집착이 리더십의 일부가 되면, 우리의 따르는 능력은 위축된다. 우리의 주된 정체성이 '리더'가 되면 '팔로워'라는 지위는 주변적인 것으로 전락하는데, 우리를 향한 예수님의 관심은 바로 이 팔로워 지위에만 쏠려 있는 것 같구나.

우리는 앞에 무엇이 놓여 있는지 잘 모른다. 이것이 따르는 자의 핵심이지. 알 도리가 없다. 예루살렘으로 간다는 건 알지. 하지만 예수님을 따르는 자들은 그곳에서 무슨 일이 벌어질지 거의 몰랐다.

내가 준비한 강연은 '리더십'을 전부로 아는 이 세상에서 우리 목사들이 따르는 자라는 기존의 주된 정체성을 유지하려 애쓰면서 하고 있는 일을 이해해 보려는 시도란다. 나는 1세기의 유명한 세 리더를 골라 예수님과 대조했다. 헤롯, 가야바, 요세푸스가 그들이지. 그들은 예수님의 사역과 멋진 대칭구조를 이룬단다. 예수님 출생 시의 헤롯, 예수님 사망 시의 가야바, 그리고 예수님이 부활하신 세계의 요세푸스. 강력한 정치가인 헤롯은 예수님이 자라셨던 세상을 사실상 규정한 인물이다. 최고위 종교지도자 가야바는 성전 기득권층과 예배를 지배했지. 요세푸스는 처음에는 유대인 외교관이자 장군으로, 나중에는 로마 군지휘관이자 저술가로서 빛나는 성공을 거둔 최고의 기회주의자였다. 그는 바울이 감옥에 갇히고 기독교회가 사회의 주변부에서 생존을 위해 분투하던 시기에 술책을 부려 정상에 올랐지.

내 눈길을 끄는 사실은 1세기가 끝날 무렵(헤롯은 1세기 초에 죽었고 요세푸스는 주후 100년에 죽었다) 이 세 명의 리더는 가장 존경받고 성공한 인물들이었다는 점이다. 이 사실은 지금도 변함이 없는 것 같다. 지금은 예수님이 좀 더 많이 알려지고 기억되고 높임을 받으시지만, 그분을 따르는 사람은 많지 않아. 헤롯, 가야바, 요세푸스야말로 교회 안팎에서 가장 많은 이들이 모방하는 리더십의 본이라 할 수 있지.

또 한 가지 흥미로운 사실이 있다. 이 세 리더 모두 유대교에서 나온 저항 및 개혁 운동의 흐름 안에 있었다는 것이지. 바리새파는 헤롯의 지배에 맞선 운동 세력이었다. 에세네파는 가야바(사두개파)가 장악한 성전예배에 맞서 운동을 벌였고, 열심당은 요세푸스와 대비되는 이들이었다. 세 운동 모두 나름의 방식으로 강력하고 효과적이었으며, 선하고 존경할 만한 이들이 많이 참여했지. 그러나 예수님은 그 어느 운동에도 동참하지 않으셨다. 그분은 거창한 이름들의 '편'을 들지도 '맞서지도' 않고 특별한 일을 하셨지.

이것은 예수님이 일하셨던 조건은 물론 우리가 그분을 따르는 조건에서도 드러나는 예수님의 특별함을 부각시킨단다.

예수님은 세상이 하는 일이나 그에 맞선 저항 운동에 큰 관심을 기울이는 방식으로 리더십을 발휘하지 않으셨다(우리의 팔로워십도 이런 식으로 얻어지지 않는다). 예수님은 특별하다. 목사의 '팔로워십'은 특별하다. 우리는 헤롯, 가야바, 요세푸스의 세상과 바리새파, 에세네파, 열심당의 세계에서 예수님을 따라야 하지만, 그 세상이 우리를 규정하도록 허락해서는 안 된다. 예수님은 그 세상의 한복판에 살면서 그분의 사역을 행하셨고, 하나님을 우리에게 계시하셨으며, 하나님 나라를 시작하셨고, 자신을 따르라고 초대하셨다.

목회자들이 이 리더십 모델들을 복잡하게 받아들일 요소는 이것들이 제시하는 내용 중 상당수가 선하고 올바르다는 것이고, 우리가 사역할 때 그중 상당 부분을 사용할 수밖에 없다는 것이다. 그렇다면 우리에게 필요한 내용을 사용하되 그것에 휘둘리지 않고 그 정체성에 함몰되지 않을 방법이 있을까?

내가 지금 느끼는 바─내가 목사 안수를 받은 날부터 많이 느낀 내용이기도 하다─는 예수님이 이 세상에서 우리를 인도하시는 방식의 절대적 독특성을 이해하도록 우리를 돕는 사람이 거의 없다는 것이다.

어쨌든 세 명의 리더와 세 개혁 운동이라는 환경을 고려하며 1세기 예수님의 세계로 들어가 본 일은 내게 유익했다. 나 자신에 대해 많이 생각할 기회가 되었고, 여러 가지 결정들을 통해 목회적 정체성과 회중의 정체성을 점진적으로 형성해 가는 너와 관련해서도 생각할 거리가 많았다. 건축과 재정, 예배와 선교의 세부 내용, 부모노릇과 남편노릇에 대한 결정들 말이다. 나는 정체성을 형성하는 일이 점진적으로 이루어진다고 생각한다. 우리는 큰 결정을 내리고 거기서부터 일하는 것이 아니라, 세부적인 결정들이 모이고 모여서 우리가 아직 잘 모르는 어떤 것을 만들어 내지. 제자로 따르는 일도 마찬가지란다.

네 엄마와 나는 수요일에 글렌 에리로 떠난다. 거기서 이런 내용으로 평신도 위주의 청중에게 강연할 거야. 스스로를 복음주의 세계의 유력자로 생각하는(이건 내 추측이다) 사람들이지. 그들이 내 강연을 어떻게 들을지 궁금하구나.

교회 모임이 끝나고 나서 리프와 에이미와 한스와 애나가 저녁(양다리 고기!) 먹으러 오기로 했다. 식전에 두어 시간 크로스컨트리 스키를 타볼 생각이다.

사랑을 담아 기도하며,
아빠가

세 번째 편지

∞

2000년 2월 23일

에릭에게

또 한 편의 디모데 서신이다. 우리는 아침에 벨 에어의 그리스도 우리 왕 교회로 떠난다. 거기서 며칠 지낼 예정이란다. 그리스도 우리 왕 교회에서 말하고 설교할 내용을 준비하고 마음의 준비도 하면서 내 인생의 형성기라 할 만한 그 시절 생각을 많이 했다. 흥미롭게도, 그 시절의 나는 거의 엉망진창이었다는 느낌이 들더구나. 툭하면 걸려 넘어지고, 잡아야 할 것을 놓치고, 길을 잃는 일이 그곳에 있는 동안 줄곧 계속되었지. 이제 와서 생각하면 거기서 무엇인가를 해냈다는 사실이 놀라울 뿐이다.

그때의 경험을 통해 나는 목사가 되는 일의 독특성을 숙고하게 되었단다. 목사가 되는 일에는 독특함이 있다. 더 낫다거나 특권을 받았다거나 특별하다는 것이 아니라 사회 전체로 볼 때 독특하고, (그만큼은 아니겠지만) 하나님 백성 가운데서도 독특하다는 것이다. 다른 직업에서 갖게 되는 정체성과 일하는 방식을 목사의 일과 정체성에 적용할 수 있는 경우는 많지 않다.

목사의 독특성 중 하나는 소위 다른 전문가들보다 업무에서 훨씬 더 많은 실수를 저지른다는 것이지. 만약 의사나 기술자나 변호사나 장교들이 목사만큼 자기 일에서 실수를 저지른다면, 당장 쫓겨나고 말 것이다. 지금도 내가 무슨 일을 하는지, 무슨 말을 해야 하는지, 다음 행보는 어떻게 될지 모를 때가 얼마나 많은지를 보고 놀라곤 한다. 그런 상태에서는 어떤 일에 유능해지고 어떤 대상 또는 누군가에 정통해야 한다는 유혹을 받기 쉽지. 불행히도, 교회에는 행정, 리더십, 학술, 프로그램 운영 등에서 능력을 발휘하고 발전시킬 기회나 '도피 방법'이 많단다.

하지만 '내가 무엇을 하고 있는지 모르겠다'는 느낌은 어느 정도 하나님을 신뢰하거나 예수님을 따를 때의 느낌이기도 하다는 생각을 많이(물론 늘 그런 것은 아니었지만) 하게 되었다. 교회가 우리에게 안수하여 맡긴 목사직이라는 위치에서, 우리는 잘 알지 못하는 어떤 것을 증언해야 하고 구원과 섭리의 신비 안에서 살아가야 한다.*

---

* 이 책에 담긴 아버지의 사색은 이후의 여러 저서에 간혹 실렸는데, 세 번째 편지의 몇 단락은 각색을 거쳐 회고록 *The Pastor: A Memoir*(San Francisco: HarperOne, 2011), p. 315; 『유진 피터슨』, 양혜원 역(서울: IVP, 2011), pp. 494-497에 실리게 된다.

내가 가끔 묵상하던 성경구절이 방금 떠올랐다. "여호와를 의지하고 교만한 자와 거짓에 치우치는 자를 돌아보지 아니하는 자는 복이 있도다."* 이 구절의 맥락에서 생각할 때 "교만한 자"는 자신이 무슨 일을 하는지 잘 아는 것처럼 보이는 사람들이야. 유능하고 인정받는 사람, 사회에서나 동료들 사이에서 명예로운 자리를 차지하는 사람들 말이지. "거짓에 치우치는" 것은 관리 가능한 것에 반응하며 사는 일, 자신의 소명을 잘 해낼 수 있는 직업으로 바꾸는 일이야. 내가 이 본문에서 지나치게 많은 것을 읽어 낸 것인지도 모르겠다만, 이 본문이 제시한 두 가지 이미지('교만'과 '치우침')는 내가 '목사'의 독특성을 배신하거나 회피하고 있음을 의식할 때 경고의 신호를 보낸단다.

지난 삼십 년을 돌이켜 볼 때 이상하고 놀라운 점은 내가 성취감을 거의 느끼지 못한다는 것이다. 내 기억에 남아 있는 것은 바른 길에서 벗어나 '교만'과 '치우침'에 들어섰던 경험들, 위기일발의 상황들, 그러다가 내 존재에 대한 이해와 내가 하는 일을 놀라울 만큼 또는 어느 정도 회복했던 경우들이지. 이틀 후면 우리는 그 장소에 있을 것이고, 모두가 그 시절을 기념하게 될 거야. 그 사람들은 당시에 내가 얼마나 위태위태했는지, 신실하지 못했던 시간이 얼마나 많았는지, 기념할 만한 일이 없다고 느껴진 시간은 또 얼마나 길었는지 전혀 모르겠지.

·   시편 40:4.

돌이켜 생각해 보니, 내가 목사의 독특성을 지킬 수 있도록 해준 것 두 가지는 예배와 결혼(가족)이었다. 매주 예배를 드리는 행위가 내 중심을 잡아 준다는 것, 그렇기에 예배를 희석시키거나 예배로부터 주의를 분산시키는 일은 그 어느 것도 허락될 수 없음을 직감적으로 알았지. 그리고 내가 현실에 발을 딛고, 신실하게 살아가고, 관계중심적인 모습을 유지하고, 사랑의 실천을 배울 수 있게 해줄 유일한 희망이 결혼이며 가족이라는 것도 알고 있었단다.

그런 요소들 자체가 '목사'를 독특하게 만들어 주는 것은 아닐 거다. 누구나 대면해야 하는 문제들이니 말이다. 하지만 우리 목사들이 하나님과의 관계에서나 사랑의 실천과 관련해서 하는 일은 사람들에게 상당히 공개적으로 드러나게 마련이지. 그런 상황이 목사만의 것은 아니더라도 목사에게 강하게 나타나는 터라 우리는 허세를 부리며 살 수도 있고, 유능할지는 몰라도 하나님을 신뢰하거나 친밀한 사랑을 용감하게 실천하는 것과는 거리가 먼 방식으로 살아갈 수도 있단다. 사람들은 그런 우리를 지켜보다가 우리가 하나님께 얼마나 진지하고 경건하게 반응하는지에 따라서 좋은 쪽으로도 나쁜 쪽으로 영향을 받게 되지(우리의 태도를 공개적으로 보여주는 장이 바로 주일 예배란다). 사람들은 우리가 배우자와 아이들과 어떻게 지내는지도 본단다. 우리의 몸짓과 무심코 내뱉는 말들 속에서 용서와 은혜, 복과 인내를 보기도 하고 그와 다른 것을 보기도 하지.

우리가 결코 피할 수 없는 일상의 현실은, 예배든 가족이든 우리가 통제할 수 없고 관리할 수도 없다는 사실이다. 통제와 관리를 시도하다가는 자의식만 생기고, 우리의 자아와 실행력과 평판이 우리가 행하기로 헌신한 일—하나님을 예배하고 배우자와 아이들을 사랑하는 것—을 대체해 버리는 결과가 나올 수도 있단다.

이번 주말에 벨 에어에서 너와 린, 드루와 린지, 세이디를 함께 보았으면 좋겠다. 너희들 자랑 좀 하고 싶구나. 너희들 덕분에 내가 그곳에서 한 번쯤은 유능하다는 느낌을 받을 수 있을 것 같다.

네가 자랑스러운 아빠가

네 번째 편지

∞

2000년 4월 5일 · 사순절 네 번째 주

에릭에게

지난 토요일 저녁은 긱 하버에서 보냈다. '에릭 구역'에 몸을 담근 것을 실감했지. 만나는 사람의 절반은 네 이야기를 하더구나. 그래서 좋았다.

그날 저녁은 나로서는 결코 익숙해지지 않는 긴장 또는 양극성을 절감한 시간이기도 했다. 상실과 한계, 고통, 거부, 고난의 세계(서치*가 보살피는 세계) 및 질서, 번영, 성공, 보상, 안전, 성취의 세계(긱 하버의 교회 담임목사 미첼이 거의 패러디 수준에 가깝게 전형적으로 보여주는 세계)와 나를 동일시해야 한다는 것 말이다. 목사

• 아버지가 말하는 '서치'Search는 아마도 Center for Organizational Reform (COR)일 것이다. 이 선교단체(현존하지 않음)는 개인과 기관들이 건강과 회복력을 갖추도록 도왔다. 아버지와 나는 여러 해 동안 COR을 위해 일했다.

35

의 과제는 양서류처럼 이 두 세계에 동시에 사는 것인 듯하다. 그러나 이 일은 결코 쉽지 않구나. 두 세계가 서로를 배척하는 듯 보이고, 나도 둘 중 하나를 선택해야 할 것 같은 느낌이 든다. 어느한쪽과 운명을 같이하고 싶은 유혹도 찾아온다. 어떤 사람들에게는 이것이 분명 옳은 일일 거다. 그러나 내게는 결코 그렇지 않았고, 너도 어느 한쪽으로 기울어지지 않는 것 같다. **목사**라는 용어를 내가 임의로 정의한 독단적 의미로 쓰고 싶지는 않다만, 일반적으로 목사는 두 세계 모두에서 편안해지는 법을 배우는 양서류라는 생각이 든다. 성경 세계와 현대 세계에서도, 사람들이 경제적·사회적·문화적으로 거주하는 다양한 '세계들'에서도 말이다.

나는 네가 거듭 세례로 되돌아가서 네가 상대하는 사람들에대한 근본적 정의를 되새기는 것이 좋았다. 지난 이 년간 네가 여러 다른 맥락에서 여러 차례 세례라는 용어를 언급하는 것을 들었는데, 매번 참으로 합당하게 느껴졌단다. 그렇게 하면 사람들에게 환원주의적인 사회학적·인구통계적·심리학적 꼬리표를 달지않게 된다. 우리가 상대하는 이들이 소비자나 성공한 사람이나 피해자 등이 아니라 **영혼**이라는 사실을 유념하게 되지.

지난 2월에 그리스도 우리 왕 교회를 방문하면서 이런 생각들 중 몇 가지를 떠올리게 되었다. 그곳에서 무엇을 보게 될지 전혀 몰랐는데 아주 좋은 일이 일어났어. 지금부터 말할 내용 중에는 내가 전에 다룬 것도 있다만, 했던 이야기를 다시 하는 걸 양해해 주렴. 우리가 처음 벨 에어에 갔을 때, 나는 교외에서 살아 본

적이 없었단다. 소도시(칼리스펠)와 대도시(시애틀, 뉴욕, 볼티모어)에서만 살았었지. 처음에는 새로운 회중을 성장시킬 기회가 주어졌다는 데 흥분하고 활력을 얻었지만, 몇 달이 지나자 그들의 생활방식에 넌더리가 나기 시작했어. 하나같이 너무나 위축되어 있고, 보안에 지나치게 연연하고, 모두가 전형적인 모습들로 보였거든. 개성도, 매력적인 대화도, 사람들 간의 **차이**도 없었다. 집들은 모두 똑같은 기본 설계도에 따라 지어졌고, 대화도 사회활동도 고만고만했어. 사람들이 너무나 작은 것에 안주하는 듯 보였지. 나는 그곳에서 하나님 나라를 설교하고 가르쳤다. 내가 생각하는 하나님 나라는 급진적인 좋은 소식, **거대한** 어떤 것이었어. 그러나 그들은 하나님 나라를 세상으로 금세 바꿔 이해하고는, 그저 안락함과 안전한 은퇴를 바랄 뿐이었다. 내가 오래 버틸 수 있을지 모르겠더구나. 그런 상황에서는 사람들이 복음을 들을 수 없을 것 같았거든.

당시에 나는 존 헨리 뉴먼John Henry Newman의 글을 많이 읽었단다. 그는 마흔의 나이에 로마가톨릭으로 개종한 뒤 소성당을 세워 도시에서 일할 소수의 사람들의 근거지로 삼을 계획을 세웠어. 그가 선택한 도시는 블루칼라들이 모이는 산업도시 버밍엄이었는데 그의 친구들은 모두 반대했지. 존은 잉글랜드에서 가장 저명한 기독교 지성인이었고, 최고의 저술가이자 설교자였으며, 사실상 모든 면에서 최고였거든. 그런 그가 버밍엄이라는 낙후되고 침체된 문화적·지적 황무지로 들어서서 전망 없는 사람들을 위해 일생을 바치려 했던 것이지. 그가 한 반대자에게 보낸 편지에 "버밍엄 사람들에게도 영혼이 있습니다"라고 썼는데* 그 말이 나를 강타했단다. 그래, 벨 에어의 교외에 거주하는 이들에게도 영혼이 있지. 그것은 작은 회심의 경험이었고, 나는 주민 한 사람 한 사람을 '영혼'으로 재정의하기 시작했단다. 그것은 각 사람을 세례 받은 존재로 보겠다는 너의 결심과 같은 효력을 발휘했지.

시간이 좀 걸리기는 했지만 네 엄마와 나는 사람들이 살아가는 모습을 지루하게 여기고 비판하고 싫어하던 마음을 내려놓고 영혼을 상대하는 법을 서서히 배우기 시작했다. 나는 교외 지역이 전 세계에서도 가장 무신론적인 사람들이 있는 시급한 선교지일 수 있음을 깨달았고, 그곳에 정착하여 내 필생의 사역 현장으로 삼았지.

이번에 그리스도 우리 왕 교회를 방문했을 때 이 모든 기억이 한꺼번에 엄습해 왔단다. 우리가 그곳을 떠난 적이 없었던 것처럼 그곳 사람들과 곧바로 다시 이어졌지. 그들 모두는 매우 평범했지만, 각 사람은 고난과 몸부림, 예배와 죄, 구원이 교차하는 절대적으로 고유한 이력을 갖춘 흥미로운 존재였다. 헤어진 지 구년 만에 다시 보니, 우리가 함께 있는 동안 그들의 실제 모습인 영혼으로 대우받으면서 그들에게 어떤 변화가 일어났는지 알아볼

---

* 아버지는 회고록 *The Pastor: A Memoir*(San Francisco: HarperOne, 2011), p. 225; 『유진 피터슨』, 양혜원 역(서울: IVP, 2011), pp. 353-355에서 존 헨리 뉴먼의 이 이야기를 다시 소개한다.

수 있었지. 당시 우리는 사회가 그들을 대하는 방식이나 그들이 생각하는 스스로의 모습과는 다르게 그들을 대했는데, 그들은 그런 대우에 익숙하지 않았어. 그러나 이번에 방문했을 때 그들은 그 경험과 관계에 반응하고 있었단다. 과거에 그들은 '영혼'의 존엄에 합당한 대우를 받는 데 익숙하지 않았다. 늘 소비자나 피해자 취급을 받았고, 착취를 당하거나 생색내기의 대상이 되곤 했지.

그들과의 공동체 의식이 거의 즉시 회복된 것에 네 엄마도 나도 놀랐단다. 그들 중에 우리에게 개인적으로 큰 의미가 있는 친구들은 없었거든. 우리는 그들과 헤어지는 일이 크게 슬프지 않았다. 다시 만났을 때 그들에게서도 감상벽은 전혀 느껴지지 않았지. 그들은 우리를 애타게 그리워하거나 상실감을 느끼지 않았어. 그러나 영혼으로 대우받은 결과는 친밀함이었고, 그것은 과거 어느 때 못지않게 강하게 남아 있었어. 마치 우리가 잠깐 산책을 나갔다가 일행 곁으로 돌아온 것 같았지. 우리 사이에는 어떤 단절감이나 괴리감도 없었단다. 어린아이들은 어른이 되었고, 다들 흰머리가 늘었고, 노인들은 몸집이 현저하게 줄어들었더구나. 놀랄 만큼 많은 이들이 살이 쪘는데, 그것은 복을 받은 상태―'영광의 무게'―와 관련이 있지 싶다. 그 외에는 달라진 것이 없었다. 마치 친밀함과 감사의 바다에 풍덩 던져진 것 같았어.

그 이후 이것에 대해 줄곧 생각했다. 목사가 할 수 있는 가장 위대한 일 중 하나는(설교와 기도와 가르침, 하나님께 신실함과 예수님을 따름이라는 기초가 자리를 잡고 나서 말이다) 사람들을 존엄하게 대하는 것이 아닐까. 그 행동 자체가 가난한 세계와 부유한 세계, 거부의 세계와 용납의 세계, 고난의 세계와 번영의 세계, 실패의 세계와 성취의 세계를 잇는 데 필요한 모든 일을 해내는 것 같다. 우리는 공동체나 전도나 선교를 위한 전략이 아니라 훨씬 더 근본적인 것 곧 세례와 하나님 형상과 영혼에 대한 전략을 짠다. 하나님이 창조하신 영혼의 존엄. 우리 문화에서는 교회 안에서든 밖에서든 사람을 존귀한 영혼으로 대하는 이들이 사실상 전무하다. 사람은 소비자와 자원과 피해자로 축소되고, 사람의 문제나 지위나 기능이 그들을 규정하곤 하지. 그러나 적어도 우리 목사들은 사람을 존엄한 영혼으로 대할 수 있는 맥락과 어휘를 갖추고 있단다.

목사들이 자신의 교인들을 기능적이고 비인격적 용어로 부르는 것을 들으면 참으로 괴롭다. 나는 그런 말을 많이 듣고 있고, 너 또한 마찬가지일 것이다. 이것은 성직자 문화의 고질병이지.

이상이 긱 하버와 그리스도 우리 왕 교회를 방문하면서 했던 생각이다. 목사직은 이렇듯 하나님 나라의 맥락과 어휘를 갖춘 채 인격적이고 상대를 존중하고 환영하고 존엄을 부여하는 방식으로 사람들을 만나고 상대할 수 있는 독특한 직책이란다. 목사가 만나는 이들이 누구인지, 그들이 과거에 스스로를 어떻게 보았고 어떤 대우를 받았는지는 중요하지 않지.

오늘도 해가 빛나는구나. 적어도 삼십분 전까지는 그랬다. 나는 애나에게 줄 장난감을 만들러 작업장에 간다. 두 주 후가 그 아이의 생일이거든.

　　내가 지금 레위기를 번역하고 있다는 걸 알면 네가 아주 신나겠지? 레위기 번역이 나오기를 기대하고 있잖니. 너는 틀림없이 온 회중도 덩달아 기대하며 기다리게 만들었을 거야. 다음번 설교 시리즈를 레위기로 준비할 생각이 있다면, 출간 전이라도 네가 쓸 수 있게 특별 가제본판을 준비하도록 하마.

　　사랑한다, 에릭. 너와 목사 이야기를 할 수 있는 이 시간이 내게 참 귀하구나.

아빠가

다섯 번째 편지

∞

2000년 5월 11일

에릭에게

마음이 맞는 목회자 동료들이 있다는 부분에서는 네가 나보다 운이 좋은 것 같구나. 어쩌면 그것은 '행운'의 문제가 아닐지도 모르겠다. 네가 그 일을 나보다 더 잘 해내는 것인지도 몰라. 너는 장로교인으로 자랐고 나는 그렇지 않았다는 것이 우리의 차이를 설명할 한 가지 요소는 될 것 같다. 나는 장로교인들 사이에서 정말 자연스럽게 편안했던 적이 없단다. 그 원인을 정확히 짚어내지는 못하겠다만, 정서적 기억과 상당한 관련이 있는 것 같다. 그것은 유년기와 청소년기에 축적되어 인식구조를 형성하지.

내가 지금 이런 생각을 하는 이유는 네 엄마와 내가 부활절 다음 주간에 몬태나의 루터파 목사들 전체와 함께 며칠을 보냈기 때문이란다. 장소는 옐로스톤 국립공원 아래쪽에 있는 리조트 치코 핫 스프링스였지. 루터파 목사들이 매년 이맘때쯤 모임을 갖는데 올해는 강사로 나를 초대한 거야.

그들과 함께 좋은 한 주를 보냈다. 유쾌하고 여유롭고 느긋했지. 전에 만난 적이 있는 몇 사람이 있긴 했지만 안다고 할 만한 사람은 아이즈볼드의 목사 한 명뿐이었어. 다들 내 강연에 감사를 표했고, 모임의 두 리더들—한 명은 설교자, 다른 한 명은 컨콜디아 신학교 교수였지—은 협력해서 일을 잘하더구나. 평가하고 점수를 매길 만한 모든 부분에서 더할 나위 없이 좋았단다.

그런데 나는 왜 편안하지 않았을까? 왜 그 '무리'에 녹아들 수가 없었을까? 나는 그들이 좋았어. 그들도 나를 좋아했지. 그런데 왜 동료 목사들과 함께하는 시간을 즐길 수 없었을까? 이것은 루터교 신자냐 장로교 신자냐에 따른 문제가 아니야. 나는 직업적 종교인들의 모임에 참석할 때마다 이런 느낌을 받거든(리젠트에 있을 때도 그랬지. 그나마 그곳에서 이런 느낌이 가장 덜했어). 이것이 단서일 수도 있겠다 싶구나. 아무튼 이 느낌에 대한 설명을 지금부터 시도해 볼 생각이다.

내가 추측하는 원인은 불경함이다. 거룩한 것에 대한 감각, 경외감, 시편 기자와 선지자들이 말하는 "여호와를 경외함"을 반신반의하며 기대하지만 그런 것은 전혀 찾아볼 수 없다. 치코 핫 스프링스에서도 예배 시간에는 좋았다. 루터파 신자들은 노래를 잘하거든. 하지만 예배 시간이 나머지 시간으로 스며드는 것 같지는 않더구나. 전반적으로 경솔하고 피상적이랄까. 쇼핑 이야기를 많이 하더구나. 교회정치가 그곳에 모인 거의 모든 목사의 관심사인 듯했는데, 그래도 많은 이들에게 썩 중요한 관심사는 아니었던 것 같다. 그리고 잡담의 수위가 과도하게 높은 느낌이었지.

전문가들의 세계나 제도종교의 세계는 그리 인격적이지 않고, 그리 경건해 보이지도 않아. 우리가 거룩한 단어와 거룩한 대상을 많이 다룰수록, 우리가 하는 모든 일과 우리 전 존재의 근거가 되시는 삼위일체의 신비하고 거룩하고 충만한 행위에 대한 인식은 오히려 둔해진단다.

네 엄마와 함께 고요하고 좀 더 사적인 이곳으로 돌아와 있는 지금은 이런 느낌에 짓눌리지 않지만, 치코에 있던 며칠처럼 그 세계로 돌아가면 그들과 어울리던 시절에 느끼던 소외감과 거리감이 단박에 되살아난다.

이런 일에 대해 어떻게 대처해야 할지 모르겠구나. 너는 어떻게 하니? 내 생각에는 그런 전문가 혹은 종교인 클럽에 합류하지 않는 것이 관건인 듯하다. 그런 문제에서 어느 정도 초연함을 유지하려면 말이다. 겉모습과 수행능력에 집착하는 세계의 가정들이 내면화되는 순간, 우리는 끝장이기 때문이야. 그러나 여전히 동료들에 대한 개방적이고 수용적인 태도와 연민을 견지하면서 그러한 초연함을 유지하려면 끊임없는 주의가 필요하다. 냉담함은 답이 아니거든. 이것은 오래된 수도원적 의미의 초연함에 가까운 것 같다. 초연함은 친밀한 개입과 참여를 유지하면서도 앞으로 있을 일을 제어하려는 시도와 사람들이 우리를 어떻게 생각할지에 대한 염려를 내려놓는 것을 뜻하기 때문이지. 16세기의 수도사인 가자의 도로테우스의 설명에 따르면, 초연함은 "특정한 일들이 일어나기를 바라는 마음에서 자유로운 상태"이며 하나님을 변함없이 신뢰하여 "벌어지는 일이 원하던 바로 그 일이 되고 모든 것과 평화를 누리는 상태"이다.*

초연함은 교회와 교파라는 거대한 기계장치의 기어들이 내는 소음과 철컹거림 속에서 소명에 따라 살아가는 우리가 경외심을 잃지 않고 거룩하신 하나님과 주위의 거룩한 영혼들을 계속 주목하는 데 가장 중요한 요소일 수 있다.

루터교 목사들과 함께하는 자리에서 나는 참으로 귀하게 여기는 초연함을 잘 유지하지 못했단다. 그러나 거기 있으면서 루터교의 농담은 많이 들었지. 기억나는 몇 가지를 적어 보마.

이제 막 은퇴한 어느 목사가 벽장을 살피며 물건을 정리하고 있었다. 그는 딸아이가 쓰던 그 벽장에서 계란 세 개와 백 달러짜리 지폐들이 든 신발 상자를 발견했다. 목사는 아내에게 그것을 보여주며 말했다. "여보, 딸애가 이사 나갈 때 이걸 가져가는 걸 잊었나 봐."

---

* 아버지는 Kathleen Norris, *Amazing Grace: A Vocabulary of Faith* (New York: Riverhead, 1999), p. 32에 나오는 가자의 도로테우스 대목에서 이 문구를 가져왔을 가능성이 있다. 노리스는 이 문구를 인용하고 있지 않다. 교부 문헌에 정통했던 아버지가 일차자료에서 직접 인용했을 수도 있다.

그러자 아내가 말했다. "아, 그건 그 애 물건이 아니라 내 거예요."

목사가 다시 물었다. "달걀은 어디에 쓰려고?"

아내가 말했다. "모르는 게 나을 걸요."

목사는 아내를 채근했다. "우리가 결혼한 지 사십오 년인데, 내게 비밀을 남겨 두겠다는 거요?"

아내가 결국 입을 열었다. "당신이 목사가 되고 나서 나는 당신이 설교를 망칠 때마다, 그러니까 당신이 강단에서 알을 하나씩 낳을* 때마다 신발 상자에 계란을 하나씩 넣기로 했어요."

목사가 말했다. "흠, 사십오 년에 계란 세 개면 나쁘지 않군. 그런데 이 백 달러 지폐 뭉치는 어디서 난 거지?"

아내가 말했다. "모르는 게 나을 거예요."

남편이 재촉하자 아내는 결국 털어놓았다. "그건 말이에요, 계란 열두 개가 모이면 이웃에 일 달러씩 받고 팔았어요."

한 목사가 앞마당에서 죽은 노새를 발견하고 카운티 공무원에게 전화를 걸어 뭔가 조치를 취해 달라고 말했다. 공무원이 대답했다. "망자는 그쪽에서 처리하는 줄 알았습니다만."

그러자 목사가 대답했다. "예, 우리가 처리하지요. 하지만 우리는 언제나 가장 가까운 친척에게 먼저 연락을 합니다."

* 알을 낳다lay an egg라는 표현에는 '완전히 실패하다'라는 뜻도 있다—옮긴이.

어느 학교가 박쥐 때문에 골머리를 앓고 있었다. 학교 전체가 박쥐로 뒤덮였는데 그 누구도 박쥐를 없앨 수가 없었다. 그러자 학교 직원 한 명이 루터파 목사에게 전화를 걸었다. 목사가 와서 박쥐들에게 견신례를 베풀자 박쥐들이 다시는 나타나지 않았다.

은퇴를 앞둔 목사가 교인들 앞에서 지난 목회생활을 돌아보았다. "제가 처음 세례를 준 소년은 자라서 무신론자가 되었습니다. 제가 처음으로 견신례를 베푼 소녀는 배교해서 신앙을 떠났습니다. 저의 첫 번째 결혼은 파경으로 끝났지요. 하지만 좋은 소식이 있습니다. 제가 첫 번째 장례식을 집례한 사람은 땅속에 그대로 머물러 있습니다."

거룩한 초연함 가운데
우리 주님의 평화가 너와 함께하기를 바라며,
아빠가

여섯 번째 편지

∞

2000년 7월 30일

에릭에게

주일 오후, 오순절 후 여덟 번째 주일인 것 같구나. 네 엄마와 나는 우리의 안식일을 누리고 있다. 네 엄마는 네 아이들에게 보낼 편지를 이제 막 다 썼단다. 요즘 『근원』*을 다시 읽고 있는데, 이 책 읽어 봤니? 제임스 미치너를 딱히 좋아한 적이 없고 그리 훌륭한 작가라고 생각한 적도 없는데, 이 책에는 감탄하게 되는구나. 그는 상상력을 발휘해 팔레스타인, 이스라엘, 성경의 세계로 들어갔고 그 세계를 신선하게 표현해 냈다.

지난 두 달간 꾸준히 손님들이 찾아왔다. 그들과 나눈 대화로 교회에서 일어나는 일들, 목사들 사이의 일들을 자세히 알 수 있

•   James Michener, *The Source: A Novel*(New York: Dial Press, 2014).

었지. 나는 네가 이와는 전혀 다른 세상에서 일하고 있다고 진심으로 믿는다. 너는 예수님께 영광을 돌리고 세례 받은 형제자매로 서로를 존중하는 예배하는 백성, 즉 예배 공동체를 키우기 위해 일하고 있지. **공동체**와 **예배**라는 단어는 우리가 속한 문화와 철저히 불화한다.

이제 나는 상시 목회의 현장에 있지 않지만, 내가 볼 때 목회와 교회생활을 너무나 어렵게 만드는 요인 중 하나는 두루 퍼져 우리 삶을 지배하는 소비지상주의인 것 같다. 우리가 소개받고 받아들인 복음은 삼위일체로 규정된다. 공동체로 계시는 하나님, 인격적 관계 안에 계시는 하나님. 성부, 성자, 성령께서는 신격 안에서 끊임없이 지속적으로 관계를 맺으시고 우리와도 그렇게 관계하신다. 그러나 우리는 요람에서부터 소비자로 키워졌지. 소비자는 수동성과 물성의 전형이다. 이 소비자성이 교회생활을 포함하여 사회에서 벌어지는 거의 모든 일의 분위기를 조성한단다.

그에 따른 결과는 복음이 소비자가 구입할 만한 방식으로 포장되는 것이다. 그것이 곧 사람들이 선택을 내리고 세상에서 삶을 꾸려 나가는 유일한 방식이 되지. 그래서 우리 목사들은 자신이 무슨 일을 하는지도 모른 채, 사람들의 관심을 끌고 마음을 사로잡을 수 있도록 복음을 이미지, 단어, 목표, 비전, 이름 등으로 포장한다. 복음의 메시지 자체를 왜곡하는 것은 아니지만, 사람들이 원할 만한 방식으로 제시하고 있는 것이지.

그러나 여기에는 문제가 있단다. 복음은 본질적으로 관계적이고 속속들이 인격적이거든. 복음에는 관계, 마음의 반응과 의지의 동의와 같은 개인적인 세부 내용들이 수반되지. 다시 말해, 비인격적으로 제시되거나 받을 수 있는 부분이 하나도 없어. 삼위일체가 이 사실을 강력하게 주장한단다. 그러나 복음을 여러 가지 형태로 포장하면, 본질상 인격적 요소를 약화시켜서 관계적이지 않은 수단을 제시하고, 삼위일체의 위격들을 물화시키며, 복음을 전하고 초대하는 사람까지 물화시키게 되지.

그 결과, 우리는 사람들을 이끌어 교회에 참여시키고 때로는 매우 열정적이고 자발적으로 참여하는 모습을 보기도 하지만, 인격적인 측면보다 비인격적인 측면에 훨씬 많이 몰두하는 일이 자주 벌어지게 된단다.

이것이 프로그램의 문제점이다. 물론 프로그램은 필요하지. 모든 사람을 각각 특별한 사례로 대하기란 불가능하니 말이다. 우리가 공동체로서 어떠한 일을 하려면 모종의 프로그램적인 지침과 절차와 목표가 있어야 하지. 그러나 프로그램은 본질적으로 추상적이고 비인격적이야. 우리는 사람들을 프로그램에 따라 상대하며 그들이 독특한 인격적 존재라는 사실을 회피하거나 모호하게 만들 수 있다. 이런 일은 가능한 정도가 아니라 훨씬 더 쉽단다. 프로그램은 사람에 투자하는 것보다 시간과 품이 훨씬 적게 들고 효율적이지. 반면 사람에게는 끝없는 시간과 공이 들어간다(적어도 상당히 많은 사람들에게는 그렇다). 그래서 얼마 버티지 못하고 프로그램에 더 많은 시간을 쓰게 되지. 사람보다는 프로그램이

비용 대비 효과가 훨씬 크다.

그다음 순서는 포장하기와 프로그램 운영을 결합하는 것이지. 이렇게 되면 예배, 증언, 선교, 공동체 자체의 인격 중심성이 서서히 허물어지고 결국 군중만 남는다.

게다가 상황을 더 악화시키거나 어렵게 만드는 요인이 있다. 우리와 함께 살아가는 사람들은 포장된 상품을 사는 일과 프로그램에 동원되는 일을 잘 안다. 그리고 그것을 좋아하지. 그것이 관계에 충실한 인간이 되는 것보다 더 쉽기 때문이야. 그래서 그들은 복음을 상품으로 제공하고 그리스도인의 삶을 프로그램으로 제시하는 교회로 향하며 그런 교회를 좋아한다. 믿음에 따르는 온갖 불안과 의심과 싸움은 전혀 모른 채 복음이 제시하는 모든 약속과 복을 가질 수 있으니 말이다. 어찌 보면 상품 교회, 프로그램 교회가 번창하는 것은 당연하다. 그것은 소비문화에 맞게 재편된 복음이라 할 수 있지.

나는 이런 상황에는 '답'이 없음을 확신한다. 이것은 오늘날 세상의 모습이라 할 수 있지만, 어떤 면에서 세상은 늘 이런 식이었어. 이전 세대는 이런 문제 상황을 흔히 우상숭배—하나님을 비인격화하고 조작하는 일—로 명명했는데, 문화가 철저히 상품화되면서 이 현상을 영적·종교적 관점에서 보기가 어려워졌고, 우상숭배를 지적하는 성경 언어와 미국 문화의 연관성은 점점 더 멀어지고 있지.

상황이 이렇다 보니 오늘날의 목사들은 이전 세대가 염려할 필요가 없던 영역 곧 적진으로 보이지 않는 영역에서 경계심과 분별력을 발휘해야만 한단다. 포장하기와 프로그램 운영은 우리 편인 것 같고, 우리가 기존에 어설프게 하던 일을 좀 더 효율적이고 유능하게 해내도록 도와주는 것처럼 보이니 말이다. 우리는 지금 벌어지는 일을 잘 알아채지 못하지만, 비인격화는 미묘하고도 확실하게 이루어고 있지.

분별을 위해서는 많은 지식이 요구된단다. 전통적으로 우상숭배와 연계되던 부도덕한 행위나 이단적 주장은 내다 버릴 수 있었지만, 포장하기와 프로그램 운영은 그런 식으로 버릴 수 없으니 말이다. 분명한 지침이 없으니 추적하듯 조심스레 나아가야 한다. 너는 아주 잘하고 있는 것 같다만, 이 일은 아무리 조심해도 부족하단다.

이런 생각을 하게 된 것은 조엘 가족이 너희 회중의 일원이 되었다는 사실을 알고 나서부터였다. 주일 예배를 마치고 너와 나누었던 대화가 떠오르는구나. 너는 설교 가운과 스톨을 걸친 채 조엘이 "가족과 함께 신성한 공간을 찾고 있었는데 찾은 것 같다"고 한 말을 들려주었지. 네가 조엘 가족에게 보여주었던 인격적이고 초연한(영업 지향적이 아닌) 관심이 없었다면, 그들이 지금 네 회중 안에 있을 것 같지는 않구나. 적어도 지금과 같은 방식으로 있지는 않을 거야.

에릭, 난 느리고 참을성 있게 목회 일을 대하는 너의 태도가 마음에 든다. 너는 서둘거나 당황하지 않고, 많은 것을 장담하는 특별한 전략에 빠져들지 않으며, 현대 문화의 조건에 따라 일을 하지 않지.

우리가 할 일은 포장하기와 프로그램 운영을 계속 경계하고 (물론 그것들 없이 교회 일을 해나갈 순 없겠지) 인격적 요소를 내세울 방법을 끊임없이 모색하는 것인 듯하다. 기회가 있을 때마다 이름을 부르고 단어 선택이나 메시지 전달 방법에서 비인간화된 형태의 대화를 최대한 피하도록 하자. '효율성'이 모든 것을 좌우하도록 허용하지 말자꾸나.

그런 면에서 우리가 사용하는 단어는 매우 중요하단다. 너도 알다시피, 나는 내가 일하는 공간을 '사무실'이라 부르는 것을 싫어하고 한사코 '서재'라고 부른다. 다른 사람들에게 그곳을 어떻게 부르라고 말한 적은 없고, 다만 내가 그렇게 부를 뿐이지. "제 서재에서 뵙겠습니다", "제 서재로 전화하세요." 우리가 매일 사무실로 가면, 사람들은 우리가 사무직 일을 한다고 생각하게 되고 우리도 결국에는 사무를 보게 된단다.

내 블랙리스트에 두 단어를 추가했다. 그중 하나는 **기능 장애** dysfunctional로, 이것은 비인격적인 단어 가운데 하나지. 엔진과 기계는 기능 장애를 일으키지만 사람은 다르다. 기능 방식이나 기능 여부의 관점에서(장애인, 정신박약, 노인) 사람을 이해해서는 안 돼. 그들이 누구인지와 그들이 맺는 관계, 무엇보다 하나님과의 관계를 가지고 이해해야 하지. 언뜻 보기에 무해하고 선명한 의미를 지닌 단어처럼 보이지만, 우리의 의식을 파고들어 결국 해를 끼친단다.

두 번째 단어는 **자원**resource 이다. 사람을 자원이라고 부르는 일은 그의 가치를 주로 우리가 그로부터 얻을 수 있는 것이나 그가 우리에게 제공할 수 있는 것의 관점에서 평가한다는 점에서 비인격적 행태라 할 수 있지. 이 단어는 인간 정체성의 본질을 흐려 놓게 되고, 이런 단어를 쓰는 가운데 한두 세대가 지나면 우리가 사람들을 보는 방식과 대하는 방식에 변화가 생기게 된단다.

이 두 단어는 오늘날 문화가 만들어지는 데 일정 정도 기여했고, 결국 우리의 문화는 철저히 기능화되고 비인격화되었다. 단어를 사용하는 일은 아무리 주의해도 지나치지 않은 것 같구나.

우리가 예배에서 사용하는 단어들은 관계와 반응이 살아 움직이는 상상력을 형성하고 고유한 영혼들이 모인 공동체를 조성하는 데 너무나 결정적이고 기초적이며 큰 영향을 미친단다. 그 영혼들을 서로 연결시키는 것은 과제나 필요가 아니라 결국 사랑―하나님이 우리 삶에서 우리를 위해 서로에게 행하시는 가장 친밀하고 인격적인 역사―이다.

나보다 너에게 더 실질적으로 느껴질 또 다른 사항이 있다. 너의 주변에는 상품을 포장하고 자원을 관리하고 사람들을 프로그램으로 굴리라고 조언하고 촉구하고 알려 주는 이들이 훨씬 많다는 점이야. 현대 문화가 사방에서 너에게 조언을 쏟아 내지. 그런 목소리들을 걸러 내는 일은 쉽지 않고, 그 내용이 적어도 절반은 참되고 유용할 경우는 더욱 그렇지. 목회자와 교회의 정신과 영혼을 오염시키는 것은 개별사항이 아니라 사고방식이란다.

에릭, 너는 지금 이사야가 "용들의 처소"*라고 부른 곳에서 일하고 있다. 위험한 땅이지. 나와 네 엄마가 너와 네 가족과 회중을 위해 끊임없이 진지하게 기도한다는 것을 알지? 너는 그리스도 안에서 형성된 사람들—**그리스도인들**—이라는 새로운 공동체를 창조 또는 하위창조하고 있단다! 그러나 대부분의 시간은 그저 터벅터벅 걷는 것처럼 느껴지지.

8월에 네가 올 것을 고대하고 있다.

자랑스러운 마음을 가득 담아,

아빠가

일곱 번째 편지

∞

2000년 10월 19일

에릭에게

네 요청을 받고 깊이 생각해 보았다. 자신을 구성하는 요소들을 이해하고 통합하게 된 과정에 대해 더 들려달라고 했지.

지금은 그것에 대해 별로 생각하지 않지만 한때는 나도 많이 고민했단다. 너처럼 구성목록도 작성했었지. 돌이켜 보니 달리기가 언제나 내 목록에 들어 있었다는 것이 흥미롭구나. 지금은 더 이상 달리지 못해. 그래도 여전히 같은 사람이지. 달리기가 빠지고 걷기가 남은 셈인데, 걸을 수 있어서 감사하단다. 작업장은 대개 목록에 올라 있었지만, 너의 경우만큼 크게 다가오지는 않았다. 작업장은 나보다는 너의 정체성의 주요한 부분을 차지하는 것 같구나.* 내

•   에릭은 신학교에 다니기 전에 목수로 일했고, 지금도 여전히 나무 다루는 일을 즐긴다—옮긴이.

게 작업장은 뭔가를 만드는 곳이라기보다 몰두하는 곳, 손으로 일하는 곳이다. 물론 거기서 뭔가가 만들어지기도 하지(옛날 네 장난감 상자 기억나니? 나는 그 상자의 페인트를 벗기고 투명한 니스를 다섯 번 덧칠해서 사십 년 된 송판의 오래된 외양과 질감을 살렸지. 거기에 뚜껑이 천천히 닫히게 만드는 경첩도 달았단다. 한스와 애나를 위해서 말이다. 꽤 즐거운 작업이었지). 너는 지금 멋진 작업장을 갖추고 있지. 그곳이 네게 매우 중요하고 서재만큼이나 너의 정체성의 핵심이라는 데 전적으로 동의한다.

내 나이 서른에 벨 에어로 이사를 가서 교회를 시작했을 때, 나는 그리스도인으로서 썩 잘 형성되어 있었고 믿음으로 살아가는 것이 편안했으며 상당히 안정된 정체성을 갖고 생각하고 기도할 수 있었단다. 네 엄마와의 결혼생활은 선물 같았고, 내 삶이 대체로 "일치를 이룬" 것처럼 느껴졌지. 그때까지는 모든 것이 상당히 자연스럽게 펼쳐지는 것 같았어.

그러나 목회를 시작하면서 혼란에 빠져들었지. 정말 그랬어. 평생 처음으로 감당할 수 없는 상황에 부딪혔고 내가 무엇을 하고 있는지 알 수 없었단다. 나는 자신이 없었다. 정체성의 조각들이 담긴 바구니를 들고 있는 것 같았달까. 오순절파의 조각, 장로교의 조각, 교수의 조각, 작가의 조각, 잘못된 정의가 달라붙은 반성직자적 편견들, 더 이상 서로 들어맞지 않는 수많은 다른 조각들. 그 모든 조각이 사실은 **나**였기 때문에 나는 그중 어느 것도 제거하려 하지 않았다. 하지만 그 조각들을 어떻게 처리해야 할지는 알 수 없었다. 네 엄마는 그 시절을 '우울한' 몇 해라고 부른단다.

그 몇 해 동안 있었던 일 중 가장 중요한 것은 내가 뭔가 대단한 사람이 될 거라는 생각을 포기한 것이었던 것 같다. 그러기까지 시간이 좀 걸렸지. 나는 늘 어떤 분야에서든 정상에 오를 거라고 생각했었거든. 그러나 장로교회 목사가 된 이상 늘 원했던 성공의 자리에 이르지 못할 것임은 분명했지. 나는 장로교 목사들이 중요하게 여기는 것에 능하지 않았고 개의치도 않았단다.

포기와 동시에 내가 있어야 할 곳에 있다는 확신이 들었지. 지금 생각하면 이상하게도 나는 그 점을 한 번도 의심하지 않았다. 내가 벨 에어에 있고 장로교 목사라는 것이 하나님이 정해 주신 일임을 깊이 확신했지. 그래서 무언가를 바꾼다거나 그곳을 떠난다거나 그만둔다거나 할 생각은 전혀 없었다. 훨씬 더 소박한 조건으로 미래를 다시 상상해야 했지. 결국 나는 실패자가 되기로 마음을 먹었단다. 이 말이 지금은 괜한 호들갑으로 들리겠지만, 당시에는 정말 그렇게 느꼈다. 신실한 실패자가 될 수 있기를, 소규모 회중을 한 공동체로 이끄는 가운데 나를 이루는 모든 조각이 한데 모여 목사의 정체성으로 빚어지기를 바랐다.

그 일은 서서히 이루어졌단다. 그동안 나는 계속 설교를 배우고, 죄인들을 영혼으로 대하는 법을 배우고, 제도의 본질을 배우고, 글쓰기를 배웠다. 내가 생각하기에 목사의 정체성이 분명히 형성되었던 주된 이유는, 내가 장로교 목사로서나 새로운 교회를 키우는 사람으로서 '성공하는' 법을 알아내려고 시도하지 않았기 때문인 것 같다. 나는 '실패자'라는 자기정체성을 새롭게 받아들이면서 프로그램 운영과 홍보와 주목받고 싶은 욕구 같은 것들에서 상당 부분 자유로워졌단다.

물론 완전히 자유롭게 된 것은 아니었지. 그것은 더딘 과정이었다. 나는 육칠 년 동안 내 자리가 아니고, 적합하지 않으며, 무능하다는 느낌에 시달렸지. 그러나 아침마다 가진 성경-기도(기도-성경) 시간과 네 엄마의 애정 및 수용(그리고 내가 눈치채지 못한 다른 수많은 사람들과 일들) 덕분에 나를 이루는 모든 조각이 서서히 하나의 형태를 이루기 시작했단다. 그중 하나도 버릴 필요가 없었지. 서른여덟 살쯤 되었을 때, 나는 목회를 시작하기 전에 가졌던 것과 비슷한 느낌을 목사로서 느낄 수 있었다.

돌이켜 보면, 내가 목사-사람으로 형성되는 데 중요하게 작용한 단일요소는 매년 여름에 떠난 몬태나 여행이다. 몬태나에서는 나의 정체성을 이루는 모든(또는 거의 모든) 세부 요소들이 예전의 온전한 상태를 유지하고 있었다. 매년 그리로 돌아가는 일은, 숨을 돌리고, 나로 되돌아간 느낌을 받고, 정체성 문제를 가지고 깊이 기도하고, 부모님의 세계라는 현실과 다시 보조를 맞출 수 있게 하는 일종의 베이스캠프가 되어 주었다. 장소는 정체성을 긍정하게 하는 힘이 있는데, 적어도 내게는 그러했다. 그리고 네 엄마와 너희들이 그곳의 숲과 산과 호수에 있으면, 적어도 그 시간만큼은 나의 세계가 참으로 통합된 것처럼 느껴졌단다. 여행이 끝나면 목사로 빚어지는 나날들로 다시 돌아왔지. 그러나 지금 생각해 보니, 그곳을 찾는 반복된 리듬은 내 삶의 모든 조각이 목사의 정체성을 이루는 데 쓰일 수 있도록 지켜 준 커다란 요소였다.

나의 정체성에서 눈에 띄게 결여되어 있는 요소는 놀이다. 나는 놀이를 나의 한 부분으로 수월하고 자연스럽게 통합해 내지 못했다. 이 부분에서 너와 린과 너희 아이들은 네 엄마와 내가 어찌어찌 해낸(네 엄마가 나보다 훨씬 낫지) 것보다 훨씬 잘하고 있는 것 같구나. 지금은 둘이 계획하고 준비해서 놀기는 한다만 영 자연스럽지가 않아. 저절로 놀게 되는 경우가 드물다. 그리고 이것이 기도생활에 심각한 장애 요인으로 작용하는 것 같다. 나는 가끔 기도와 놀이의 유사성에 관해 강연을 하고 글을 쓴다. 기도와 놀이는 둘 다 필요하고, 어느 쪽도 "뭔가를 유발하지" 않으며 강제할 수 없다. 이런 면에서 기도와 놀이는 완전히 자유로운 행위다. 이런 확신이 있다만, 나는 여전히 배우는 중이다.

이 정도로 네 질문에 답이 되었는지 모르겠구나. 내가 쓴 내용을 다시 살펴보니, 내 삶의 여러 부분이 형성되고 통합된 것은 주로 몇 해에 걸쳐 '실패자 정체성'을 수용한 덕분이었고, 여름마다 사천 킬로미터를 달려 몬태나로 돌아가는 여행을 했기 때문이었구나. 나는 성령의 일하심에 반응하려 노력하면서 내 일을 계속했을 뿐, 그 외에 뭔가를 많이 했던 것 같지 않다.

네가 너만의 장소를 진정한 너의 장소로 만들어 가는 모습이 마음에 든다. 건축하고 재배하고 나무를 자르고 노는 일이 너와 린, 너희 아이들이 제대로 빚어지는 데 큰 역할을 할 거야.

우리는 한 시간 정도 있다가 시애틀로 떠날 예정이다. 주일에 SPU*와 이미지 컨퍼런스에서 설교하기로 되어 있거든. 햄프턴 시내에서 묵을 예정이다.

사랑을 담아,
아빠가

* SPU: Seattle Pacific University(시애틀퍼시픽 대학교).

여덟 번째 편지

∞

2001년 1월 24일

에릭에게

네게 보낼 다음번 편지 내용을 한 달 내내 반추하고 있었는데 며칠 전 네 편지를 받고 난 뒤 쓸 내용이 분명해졌다. 나는 네가 교회 건축을 시작하는 것에 대해 많이 생각하고 기도했다. 그리고 내가 그 미지의 세계로 모험에 나섰던 기억이 떠올랐지.

나는 교회 건축 자체에 대해서는 그다지 열정적이지 않았지만, 그 일을 목회 소명의 필수적인 부분으로 받아들이지 않으면 시간과 노력을 허비하는 꼴이 되겠다는 생각이 들더구나. 그래서 내키지 않지만 "이걸 끝내는 수밖에 없어"라는 자세에서 벗어나, 모든 세부 내용을 힘차게 끌어안는 쪽으로 상당히 의도적인 선택을 내렸단다. 지금 와서 생각하면 초기 몇 년간의 교회 건축 및 그와 관련된 세부 사항들은 우리 회중의 영성 형성의 중요한 요소였고, 덕분에 우리는 장소와 재료와 물질성—성육신의 모든 측면—에 뿌리를 내릴 수 있었다. 이 과정은 내가 목사로 형성되는데도 중요했다. 덕분에 나는 영적인 것과 물질적인 것, 또는 영적인 것과 세속적인 것을 나누지 않은 채 물리적 요소를 붙들고 **거기에** 머물 수 있었다(현장의 시공업자, 감시관, 일꾼들이 나만 나타나면 입을 다무는 것을 보고 나는 그 자리에서 뭔가 심한 욕설이 오가고 있었다고 생각하게 되었다). 당시를 돌이켜 볼 때 중요하다고 생각되는 몇 가지 요소를 적어 보마.

건축에 관한 모든 것은 먼저 나의 상상력 안에서 설교와 예배 가운데 형성되었다. 나는 학개, 스가랴, 에스라, 느헤미야, 그리고 출애굽기 후반부에서 멋진 이야기와 본문을 발견했지. 나는 거기에 푹 잠겼고 성경의 전통이 사물과 기술—예배 **장소**—을 얼마나 크게 강조하는지 감을 잡게 되었다. 그 경험은 자신들이 과거에 알던 것을 재현해 내기—향수어린 건축과 예배—바라는 이들의 생각을 점잖고 부드럽게 거절하는 데 도움이 되었단다.

나는 이제 막 에스라와 느헤미야 번역을 마쳤고 출애굽기 수정본을 검토했는데, 몇 년간의 건축 기간 동안 그 본문들이 내 상상 속에 얼마나 깊이 새겨졌는지 깨닫게 되는구나. 그리고 이제는 그것에 대해 감사한다. 교회 건축과 관련된 모든 일은 방해거리가 아니라 내 목회 소명의 일부로 자리 잡았다. 나는 너에게도 같은 일이 일어나고 있음을 감지했고 그로 인해 매우 기뻤단다.

그 시절에 형성된 회중의 영성을 구성하는 다른 요소는 평신도 리더십이었다. 우리 회중 안에 타고난 뛰어난 리더가 없는 상황에서, 개척교회 성장을 자문해 주는 노회 관계자는 전문가들에게 의지하기를 적극 권했지. 그러나 그것이 타당하게 느껴지지 않았기에 나는 (상당한 두려움과 떨림을 안고) 그 조언을 거부했고 내게 주어진 사람들과 함께 일했단다. 회중 안에 건축가가 있긴 했지만 (게리 백스터) 교회를 건축해 본 적은 없었다. 건축위원장이 된 러스 윌스도 관련 경험이 전혀 없었지. 그러나 알고 보니 러스는 그 일에 적임자였다. 그는 다른 사람들과 리더십을 공유했고, 한결같고 믿을 수 있고 지혜로웠지. 두드러지게 '강한' 리더가 아니었기에 다른 사람들이 리더십에 참여할 여지가 있었다. 1차 건축이 끝났을 무렵, 우리 교회의 평신도 리더십 스타일이 만들어졌고 그것은 이후 죽 이어졌다. 내가 잘하고 있는지는 확신할 수 없었지만, 처음의 직관이 옳았음을 이후 여러 해에 걸쳐 여러 면에서 확인했던 것 같다.

1차 교회 건축을 마친 이후로 우리 교회는 두 번의 건축을 더 했다. 2차 건축은 70년대 초에 있었고(건축위원장 찰리 라이어), 3차 건축은 네 엄마와 내가 안식년을 끝낸 직후인 1986-1987년에 있었다(건축위원장 스탠 미첼). 그렇게 해서 우리 교회가 처음에 계획했던 마스터플랜이 완성되었다. 2차, 3차 건축에서는 1차 건축 때보다 내가 한 일이 훨씬 적었다. 내가 할 일이 별로 없어 보였지. 평신도 리더십은 유능했고 자신감 있게 펼쳐졌다. 그렇듯 수월하게 리더십이 발휘되는 모습을 보는 것은 큰 즐거움이었다. 3차 건축 때는 내가 건축위원회 모임에 참석한 기억조차 나지 않지만 어딘가에서 함께하기는 했을 거다.

몇 년 후, 네 엄마와 내가 피츠버그로 떠날 준비를 하고 있을 때였다. 러스 부부와 찰리 부부, 스탠 부부가 함께 플로리다로 휴가를 떠나 한자리에 모였는데, 저녁식사를 하면서 그들은 이십이 년의 기간에 걸쳐 함께 발휘한 리더십으로 교회 건축이라는 대장정이 마무리 될 수 있었음을 깨달았지. 그 자리는 교회 건축 리더들의 재회의 장이었다.

교회 건축과 관련하여 실망스러운 일들도 있었다. 그중 하나는 예배당과 소교육관 건축을 마친 1차 건축 후에 일어났지. 나는 모든 것—예배와 설교와 평신도 개발과 회중의 완만한 성장—이 멋지게 통합되었고, 이 건축이 예배와 선교를 섬길 수 있는 시공간에 형태를 부여했다는 사실에 정말 기분이 좋았단다. 순진하게도, 나는 모두가 나와 같은 심정일 거라고 생각했지. 모두가 열정에 사로잡힌 채 한배를 타고 있다고 생각한 거야. 그렇게 교회 건물이 완성되었고, 우리는 헌당예배를 드렸단다. 그리고 세 주 후에 예배 출석 인원이 줄어들기 시작하더니 매주 사람들이 더 적게 나왔어. 교회에 나오지 않은 교인들 집으로 심방을 가면 그들은 이렇게 말했다. "우리가 정말 해냈어요. 그렇지요?", "우리가 그걸 이루어 냈어요. 대단하지 않았나요?" 건축과 관련된 모든 일이 만들어 낸 아드레날린은 내 생각과 달리 성령이 아니었음을 서서히 깨달았지. 노회 총무를 찾아가 상황을 설명했는데 그가 이렇게 대답했다. "또 다른 건축 프로그램을 시작하세요. 그 사람들을 신나게 만들 방법은 그것뿐입니다." 나는 그것이 좋은 생각이 아니라고 판단했다. 아드레날린으로 성령을 대체하는 회중을 키우고 싶진 않았거든. 이후 분발하여 예배출석 인원이 건축을 마치기 이전으로 회복되기까지 일 년이 넘게 걸렸단다.

그러나 다시 기회가 주어진다 해도 내가 뭔가 다르게 했을 것 같지는 않구나. 그 모든 것이 내 안에서 통합된 것, 어쩌면 그것으로 충분했는지도 모른다. 다른 교인들도 그런 통합에 이르게 하기까지는 그 후로 여러 해가 더 필요했지. 그리고 많은 이들에게 그 과정은 느리게 이루어졌단다.

나는 교회 건축을 진행해야 했던 상황을 기쁘게 생각한다. 그 일이 목회자에게 요구하는 사항들은 그의 정체성을 형성하는 데 큰 역할을 한다. 물론 그런 요구들에 떠밀려 목사가 하도급업자든 치어리더든 뭔가 다른 존재로 바뀌면 큰 타격을 입을 수도 있다. 그러나 그런 요구를 매개로 하여 다양한 사회적·공동체적·예배적·소명적 에너지가 일관성 있는 무엇인가로 융합될 가능성도 존재하지. 이 편지를 네게 쓰기 전까지, 나의 목회 소명이 내게 자연스럽지 않았던 에너지와 불가피한 일들의 세계와 동떨어지지 않고 그 세계가 내 안에 자리 잡는 데 교회 건축 사업이 얼마나 큰 영향력을 끼쳤는지 미처 깨닫지 못했다.

그 시절의 나는 잘하는 것이 없는 사람들에게 과하다 싶을 만큼 관심을 기울이기로 결심했었다. 그들은 힘도 능력도 없고 다른 사람들이 즐거워하는 일에 흥미를 느끼지도 못했다. 나는 다른 이들보다 그들을 더 자주 심방하고 더 자주 전화해서 가장 느린 사람, 뒤처진 사람들과 보조를 맞추고자 했다. 나는 누구도 배제되기를 원하지 않았고, 누구도 배제되지 않았다고 생각한다.

네가 그 일도 잘하고 있는 것 같아서 정말 기쁘구나. 너는 본질적인 일들을 이미 하고 있고 그동안 해왔다. 예배와 기도, 설교와 찬양을 네 일의 중심에 두고 있지. 네가 그 일을 느긋한 속도로 진행해서 좋구나. 서두른다거나 밀어붙인다는 느낌 없이 말이다.

회중의 힘을 한데 모으는 더 좋은 방법이 있느냐고 물었지? 난 네가 제대로 하고 있다고 생각한다. 예배와 공동체(회중) 관계를 계속 중요하게 여기면 좋을 것 같구나. 내 생각에 네가 저지를 수 있는 심각한 실수는 (예배가 아니라) 건축 사업이 회중을 이끌도록 허용하는 것뿐이다. 하지만 네 말에서나 글에서 그런 조짐은 전혀 느껴지지 않는구나. 교회 건축 일이 더 크고 포괄적인 어떤 것 안에 녹아든 듯 보인다. 그러면서도 건축 일이 '영적인' 사람들의 고차원적 관심사보다 저급하거나 떨어지는 일로 경원시되지도 않고 말이지.

이런 방식으로 교회 건축 일에 나를 끼워 주고, 네가 지금 나름의 고유한 방식으로 참신하게 해내고 있는 이 일들을 내가 오래전에 어떻게 돌파했는지 숙고해 볼 기회를 주어서 고맙다. 너희 교회 건축위원회의 회원이 된 듯한 느낌이 든다.

리프와 에이미 가족과 에이미 쪽 친척들이 오늘 저녁을 먹으러 온단다. 여기서 한 주 정도 머물게 될 거야.

　너는 과테말라 여행 준비가 한창이겠구나. 그 시간이 너를 깊이 있게 해주고 영혼의 폭을 넓혀 주기를 네 엄마와 함께 기도하고 있다.

　나는 네가 하는 일이 정말 좋다만, 그보다 너를 훨씬 더 사랑한단다.

우리 주님의 평화를 빌며,

아빠가

아홉 번째 편지

∞

2001년 4월 7일

에릭에게

너는 지금 시애틀에서 보낸 휴가를 마치고 집에 있거나 집으로 향하고 있겠지. 다른 장소에 다녀온 일이 활력이 되었으면 좋겠다. 이제 고난주간이구나.

나는 지난 세 달 동안 리젠트에서의 봄 강연(5월)을 준비하면서 너와 나누는 내면의 대화를 진행해 왔단다. 강연 제목은 '부활 훈련'(웬델 베리의 시에서 가져왔다)이다.* '영성 형성'이라는 주제를 다루면서 성경이 분명하게 말하고 있는 부활의 현실을 제시하려 한다.

그런데 강의를 준비하면서 계속 의아한 생각이 들었다. 목사

---

* Wendell Berry, "Manifesto: The Mad Farmer Liberation Front," 2019년 9월 20일 검색. https://cals.arizona.edu/~steidl/Liberation.html.

69

들은 왜 이 주제에 별 관심이 없을까? 관심이 있는 이들 사이에서는 이것이 왜 특별한 분야가 되는 걸까? 물론 너는 그렇지 않지. 영성 형성은 네가 목회 일을 하는 방식에 완전히 통합된 듯 보인다. 그래서 나와 너는 서로 마음이 잘 맞는 상대라 할 수 있지. 네 동료들 중에 이런 느낌을 주는 이들이 많이 있는지 궁금하구나. 영성 형성은 우리가 일하는 기반이며, 적어도 목회 소명이 가장 넓고 깊게 뿌리를 내리는 기반이지. 그러나 많은 이들이 이것을 가볍게 무시하는 것 같구나. 아주 소수의 사람들만 관심을 갖는데, 그나마도 최신 개념 정도로 받아들이지.

나는 영성 형성(또는 그리스도인의 삶의 훈련)에 대해 언제나 (또는 거의 언제나) 목사가 많은 관심을 호소하지 않고 진행하는 일이라 생각했다. 지나친 주목을 받으면 그것은 어떤 식으로든 왜곡되거나 변조되니 말이다. 영성 형성은 모든 사람이 목사에게 기대하는 명백한 일이고, 그 일이 없으면 우리는 목사라고 할 수 없을 거야. 트럭운전사는 트럭을 운전하고, 농부는 작물을 심고, 치과의사는 이를 치료하고, 목사는 형성 과정에 있는 영혼과 함께 일한다. 그러나 그것에 대해 너무 많이 말하거나 잘못된 맥락에서 말하면 실제로 그 일을 하는 데 방해가 되지.

많은 사람들이 자신의 목사가 그 일을 하고 있을 거라고 기대한다. 하지만 그렇지 않은 것을 알게 되면 기대를 접고 목사의 모습을 그냥 받아들이게 되지. 그러다가 자신의 영혼과 관련하여 특별한 도움이 필요할 때가 오면, 서점에서 자기계발서를 찾거나 잡지를 집어 든단다. 잡지에는 성생활 향상에 대한 기사뿐 아니라 암과 기도, 명상과 골프에 관한 글도 있잖니. 대부분의 사람들은 목사가 교인인 자신의 영성 형성에 주된 관심을 갖는다고 생각하지 않는 것 같다.

목사들에게 회중의 영성 형성을 맡은 존재라는 자기이해가 충분하지 않다는 데 동의하니?(너와 내 경우는 제외하고 말이다!) 내가 어릴 때 접했던 오순절파 목사들에게는 그러한 이해가 분명히 없었다. 그들의 관심은 주로 사람들이 모종의 새로운 황홀경을 느낄 수 있도록 시동을 걸어 주는 일에 있었는데, 성령을 아드레날린으로 혼동하거나 아드레날린을 성령으로 혼동했지. 장로교인들은 그와 달랐고 나와 잘 맞았지만 영성 형성에 대한 관심은 그리 나을 바가 없었다. 대체로 영성 형성은 회중이 자가 진단한 필요를 채우는 일에 밀리고 부차적인 취급을 받지.

그저 평범하고 일상적인 목사의 일을 하는 누군가에게 이단아, 괴짜, (그리고 **진정한** 경멸조로) '신비주의자', '성인' 같은 눈에 띄는 경멸조의 꼬리표가 붙을 때마다 나는 정말 이상했단다.

왜 그런 걸까? 너에게 대답을 기대하고 묻는 건 아니다. 물론 답을 안다면 말해 줘도 좋다. 나는 가끔 엄청난 고립감, 일종의 소명적 고독감에 사로잡히는데, 내 삶의 실제 상황을 생각하면 지나친 감이 있단다. 이곳에는 제대로 일하는 W 목사님이 있고, 이 분야에서 나보다 이미 훨씬 앞선 너도 있으니 말이다. 그리고 살다 보면 이와 비슷한 직감을 갖고 있고 그것을 거침없이 인정하는 친구를 가끔 만나기 마련이지. 그런데 어째서 그것으로 충분하지 않을까?

친구 이야기가 나왔으니 말인데, 새로운 작가를 발견했단다. 너도 반가워할 것 같구나. 불행히도 목사는 아니지만 목사와 비슷한 일을 한다고 할 수 있지. 장의사거든. 이름은 토머스 린치로 영성 형성에 대해 좀 아는 사람이란다. 그는 자신의 일에 대해 글을 쓰는데 영혼에 대한 이해가 그 안에 담겨 있지. 그 사람 책을 두 권 갖고 있는데,『죽음을 묻는 자, 삶을 묻다』*,『움직이는 몸, 쉬는 몸』**이다. 친구의 소개로 알게 되었지. 아마 도서관에 있을 거야. 두 권 다 이 년쯤 전에 좋은 평가를 받았거든. 시도 쓴다는데 아직 읽어 보지는 못했다.

아무튼 영성 형성과 관련하여 목사들이 왜 영혼에 좀 더 주의를 기울이지 못하고 세상에서 보다 느긋해지지 못하는지 궁금하던 차에, 복음서의 부활 이야기를 연구하다가 부활한 예수님이 나타셨을 때 사람들의 눈길을 전혀 사로잡지 못했다는 사실이 내게 새롭게 다가왔단다. 어떤 이들은 그분을 알아보기까지 시간이 필요했던 것 같고, 준비하고 민감해져야만 알아보는 일이 '가능'했던 것 같다. 부활하신 예수님은 매번 인격적 관계와 참여의 맥

*   Thomas Lynch, *The Undertaking: Life Studies from the Dismal Trade*(New York: Penguin, 1997);『죽음을 묻는 자, 삶을 묻다』, 정영목 역(서울: 테오리아, 2019).

**   Thomas Lynch, *Bodies in Motion and at Rest: On Metaphor and Mortality*(New York: W.W. Norton, 2000).

락에서 나타나셨지, 대중적 시연으로 자신을 드러내신 적은 없어. 바울은 부활을 변증적 목적에 사용했지만, 복음서 기자들은 거기에는 관심이 없는 듯 보인다. 그들은 우리가 부활하신 그리스도와 함께 있을 때 벌어지는 일을 이야기하는 데 관심이 있는 것 같아. 목회적 관점에서 주목할 만한 현상 중 하나는, 첫 부활을 목격한 사람들에게 어떤 극적 개선도 보이지 않았다는 점이다. "의심하는 사람들이 있었"고, 일곱 명의 제자는 다시 고기를 잡으러 갔으며, 예수님을 개인적으로 잘 알았던 것이 분명한 글로바와 친구는 엠마오로 가는 길에 그분과 세 시간을 동행하면서도 전혀 알아보지 못했다.••• 문이 잠긴 방에 있던 제자들은 마리아의 목격담이라는 부활의 구체적 증거가 있었지만 여전히 혼란스러워했고 두려워했지. 이런 사례들이 계속 이어진단다.

나는 영성 형성이 단순하고 빠른 과정이 아니라 길고 복잡한 과정이라는 점을 염두에 두고 이해하고 세세한 부분들을 들여다본다. 영성 형성은 이런 식으로 시작되었고 앞으로도 절대 달라지지 않을 거다. 개선이 필요한 부분을 개별적으로 진단할 수 있게 하는 양식도, 진보나 성숙을 평가할 '검사법'도 존재하지 않지.

그러니 평가와 측정을 통해 "뭔가를 얻을" 수 있기를 기대하는 사람들은 이런 상황을 이해하기가 쉽지 않을 거야. 뭔가 다른 것을 기대하는 목사들도 이런 소극적 존재 방식에 만족하기 어려

••• '의심하는 사람들이 있었다'(마 28:17), '다시 고기를 잡으러 갔다'(요 21:1-14), '세 시간 정도 엠마오로 걸어갔다'(눅 24:13-35).

울 테고. 나도 이것을 잘 안단다. 교인들을 기쁘게 해주고 싶은 마음과 그들의 영성 형성에 집중하고 싶은 마음 사이의 긴장은 끊이지 않았고 절대 사라지지 않았지. 나는 이에 대한 '해결책'이 있을 거라고 계속 생각했지만 결국 찾지 못했고, 그 긴장을 안고 계속 일할 수밖에 없었다.

봄 강연 준비가 끝나고 강연을 마치면, 그 안에 네 이야기가 얼마나 많은지, 네가 하고 있는 일과 네가 한 말이 얼마나 많이 담겨 있는지 알게 될 거다. 지난 몇 달간 이 내적 대화는 내 속에 구석구석 퍼져 있었단다. 이제 그로부터 무엇이 나오는지 볼 수 있겠지.

요즘 내가 너의 부목사가 된 것 같은 생각이 드는데, 내 몫으로 책정된 사례 같은 건 없니?

아빠가

열 번째 편지

∞

2001년 9월 25일

에릭에게

지난번 에릭 서한을 쓰고 한참 지났구나. 생각을 오래 품고 지냈는데, 이제 낳을 준비가 된 것 같다(아직 아홉 달이 꽉 차지는 않았어!).

이번 9·11 사건이 내가 생각해 온 주제를 드러내는구나. 너는 회중과 가족과 함께 이 사건을 계속 다루어 온 걸로 안다. 내게는 돌볼 회중이 없다는 것이 너와의 큰 차이인데, 지금 그 차이를 제대로 느끼고 있다. 돌봐야 할 회중과 함께 있던 때에는 재난의 충격을 온전히 느끼지 못했던 것 같다. 나는 늘 재난을 겪고 있는 그들을 보살피고, 기도하고, 성경을 찾고, 그들의 곁을 지켰다. 나 또한 재난의 영향을 받았지만, 고난 중에도 항상 친밀감이 느껴졌지. 성령께서는 내가 하는 일에 함께하셨고 그것은 나에게 어떤 의미를 느끼게 해주었다. 그 의미의 정체를 정확하게 표현할 수는 없었지만 말이다(그럴 수 있는 일은 드물다). 더없이 평범한 수준에서 나에게는 할 일이 있었고, 그것은 내가 좋아하고 잘하는 일이었다. 그것이 무력함을 나누는 일에 불과할지라도, 그 일을 함으로써 나는 함께 있는 사람들보다는 기운을 낼 수 있었다.

그러나 세계적 사건들과 재앙은 나와 회중의 상황과 분리되어 일어나기 때문에 내 목회 방식을 적용하기가 매우 어려웠단다. 참으로 이상한 일이지. 성경은 그런 사건들을 아주 중요하게 다루고 있으니 말이다. 이것에 대해 생각하다 보니 두 가지가 궁금해졌다.

첫째, 회중 가운데 재난이 닥칠 때는 내가 위로하고 곁에 있어 주고 기도하고 구원의 전망을 제시하는 사람이라는 느낌이 있었다. 지역사회의 다른 사람들과 관련된 재난이라 해도, 내 위치에는 어떤 위엄과 권위가 있었거든. 그들은 이미 우리의 예배와 기도의 네트워크 안에 들어 있었기 때문이지. 나는 그들의 집을 방문한 적이 있었을 것이고, 교회 야유회 등의 행사에서 그들과 소프트볼도 같이 즐겼을 것이다. 그러나 국가적 재난이 닥치면 내 목소리는 언론, 정치인, 신문사설, (9·11의 경우) 하위집단과 하위문화가 쏟아 내는 엄청난 양의 혐오와 두려움의 발언에 잠겨 버리고, 더 이상 내가 돌볼 회중이 없게 되지. 지역사회나 회중 안의 재난에서는 인격적이고 존재감이 있던 내 목소리가 세계를 무대로 하는 재난 앞에서는 문제와 동떨어진 생각, 그저 또 하나의 견해에 불과한 것처럼 느껴지게 된단다.

내가 목회적으로 다루어야 했던 9·11사건에 비길 만한 일은 케네디 대통령과 마틴 루터 킹의 암살, 그리고 그보다 극적인 면이 덜했던 걸프전쟁이었다. 내 자신이 더없이 무능하게 느껴지고 뭘 어떻게 해야 할지 알 수 없었던 기억이 아직도 생생하다(그때 나는 지금의 너보다 젊었다). 강단에서 성경을 펼치면 흔히 인정받던 권위가 동네의 여론주도자들은 말할 것도 없고 텔레비전 시사평론가, 정치인, 신문에도 밀려났다.

대규모 재앙 앞에서 할 바를 알지 못하는 일과 관련해 궁금한 것이 또 있다. 나는 대부분의 목회사역이 지금 이곳에서의 순종으로 이루어져야 한다고 믿는다. 지금 이곳에서의 순종은 가정과 동네와 직장에서 사랑을 길러 내는 일로 나타나고, 성경을 지금 이곳이라는 구체적인 삶의 텍스트로 여기는 일로 뒷받침되지. 큰일들—천국과 지옥, 죽음, 심판—은 모두 하나님 나라의 정치와 관련된 문제다. 우리는 그 나라가 매일 임하고 마침내 임하게 해달라고 기도하고, 그 나라의 조건과 약속과 언약에 따라 살아가려 힘쓴다. 그러나 나는 미국이라는 나라가 하나님 나라와 어떤 관계가 있는지 확신 있게 말할 수가 없구나. 더 중요하게는, 하나님 나라와 미국을 동일시하는 일을 경계하게 된다. '하나님, 미국에 복을 내리소서' 같은 온갖 수사가 달아오르면, 미국 사회의 외부자가 된 듯한 느낌이 강하게 들면서 말 자체를 주저하게 된다. 애국심이 없다든지 심지어 불온하다는 판단을 받을까 봐 말이지.

나는 이 모든 것을 이해해 보려고 노력하면서 『너희 보물이 있는 곳에』*Where Your Treasure Is*를 썼다(먼저 그 내용으로 설교하고 가르쳤지). 그 과정에서 많은 것을 배웠지만, 그 내용이 내 목회적 직관과 실천에 흡수된 것 같지는 않구나.

이상이 목회사역을 감당하는 너를 생각하며 요즘 느끼고 있는 것들이다. 너는 미국이라는 나라 및 문화와 관련하여 내가 마주했던 문제들을 훨씬 능가하는 상황을 다루고 있다. 이런 시험을 통해 목회생활이 깊어지는 너를 위해 매일 기도하지만, 나에게는 네게 나눠 줄 지혜가 없구나. 하지만 너는 하나님 나라의 정치에 참여하는 일이 현재의 공포가 촉발한 반응, 감정, 여론보다 더 심오하고 지속적인 일임을 보여줄 이미지와 약속과 명령을 회중에게 제시하고 있지.

네 엄마와 나는 내일 밴쿠버로 떠난다. 이틀 정도 운전을 해야 할 것 같구나. 로슈A Roche라는 복음주의적 환경보호 단체를 대상으로 강연을 할 예정이다(이 얘기 했던가?). 성경본문은 창세기 1장과 2장, 강의 제목은 '시간이라는 선물', '공간이라는 선물'이다.* 밴쿠버에 금요일 토요일 이틀간 있다가 토요일 오후에 출발하여 너희 집에서 하룻밤 머물 생각이다. 일요일 오후쯤 도착하겠구나. 중간에 확인차 전화하마.

『메시지』*The Message*는 마지막을 향해 가고 있다. 편집만 조금 남

• 이 강연의 오디오가 담긴 「창조와 복음」Creation and Gospel: From the Garden to the Ends of the Earth 은 리젠트 칼리지 서점에서 구할 수 있다.

왔어. 이삼 주 정도면 될 것 같다.

사랑을 담아,

아빠가

열한 번째 편지

∞

2001년 11월 11일

에릭에게

생일을 축하하러 며칠 집을 떠나 있었다. 수요일에 아이작 왈튼 인에서 이틀 밤을 묵었다. 철도의 향수가 어린 오래된 철도 호텔이었지. 몇 개의 새로운 길로 미들포크를 가로질러 글레이셔 공원으로 하이킹을 갔다. 금요일에는 동쪽으로 차를 몰아 미주리 강변의 포트 벤턴을 찾았지. 과거에 가본 적이 없었던 터라 오래된 호기심을 채우고 싶었거든. 멋진 방문이었단다. 그곳이 몬태나 역사에서 그토록 중요한 장소였는지 몰랐다. 그래서 우리 주에 대한 새로운 이야기와 전설과 설화를 잔뜩 안고 어젯밤에 돌아왔다.

집으로 돌아오는 긴 시간 동안(다섯 시간) 운전을 하면서 다음번 에릭 서한을 구상하기 시작했다. 요즘 내 상상력을 파고드는 주제는 목회 소명과 교회에서 일어나는 왜소화다. 세 주 전 칼리스펠 장로교회에서 있었던 추모예배가 계기였던 것 같다. 체트 엘링슨 씨가 이 년간 병환으로 크게 고생하다가 여든한 살에 세상을 떠났지. 그의 아내 제리(네가 그 가족을 기억하는지 모르겠구나)는 담임목사에게 내가 추모예배에 참석할 수 있는지 물었고, 담임목사는 너그럽게도 나를 초대해 주었단다. 그 목사와 나는 조금 아는 사이야. 두어 번 점심식사를 같이했지. 사실 그는 너그러운 정도가 아니었어. 추모예배를 거의 전부 내게 맡겼단다. 감사한 일이지. 체트 씨는 청소년기의 내게 영향을 준 분이거든. 좋은 예배였고 그 일부가 될 수 있어서 무척 기뻤다.

그러나 그 목사와 함께 있는 시간은 괴로웠다. 그의 사무실(서재는 결코 아니었다)에는 만화, 포스터, 잡동사니 등 왜소한 것들이 가득했어. 그리고 예배 전후에 우리가 나눈 대화는 야구 경기의 한 회와 다음 회 사이에 나누는 대화와 비슷했지. 한 해 전에 그와 같이했던 두 번의 점심식사도 비슷했다. 그에게 교회는 문제를 다루고 전략을 수립하고 정치에 대한 잡담을 늘어놓는 곳이었던 거야. 그날 이후로 나는 이런 일이 얼마나 흔한지, 우리의 교회(목사) 문화에 얼마나 널리 퍼져 있는지 실감하게 되었단다.

나는 9·11이 이 모든 것을 없애 주기를 막연하게나마 바랐다. 목사들이 목회 소명의 중대함을 깨달아 모든 어리석음이 일소되고, 목사가 각 영혼을 거룩한 진지함으로 대하는 일에 너무나 많은 것이 달려 있음을 우리 시대 일상성의 종말론적 차원을 목도한 이 나라의 모든 목사가 확신하게 되기를 바랐다. 너도 알다시피, 거룩한 진지함이라는 말은 우리가 늘 엄숙해야 한다는 의미가 아니라(거룩한 진지함에는 웃음과 여가도 포함되지), 예배를 진행하는 방식과 세례 받은 영혼들을 다루는 방식으로 표현되는 우리의 목회 소명이 하나님 나라가 임하는 방식에서 결정적으로 중요하다는 뜻이다.

나는 네가 네 일을 감당하는 방식을 지켜본다. 그리고 그것을 늘 높이 평가한다. 분명한 복음 중심성을 유지하는 모습, 사람들을 '줄 세우는' 데 집착하지 않고 그들을 돌보면서 초연하게 삶을 영위하는 모습이 귀하다. 네가 자녀들을 늘 중요하게 여기고 그들의 개별성을 존중하는 모습도 귀하다. 교회 건축물과 건축 과정 자체에 주의 깊은 신학적·예전적 관심을 기울이는 모습도 귀하다.

우리의 목회 소명 이야기로 돌아가 보자. 나는 목회생활에 대해 글을 쓰는 건 다 마쳤다고 생각했었다. 그런데 『메시지』를 마치고 보니(혹은 거의 다 마치고 보니) 영성신학 책을 써야겠다는 생각이 든다. 언젠가 쓰게 될 것 같기는 하다. 교회생활이 이루어지는 요즘의 방식을 분명히 드러내기 위한 방법을 생각 중이다. 목사들이 그런 교회생활 방식을 무비판적으로 수용하고 따라가는 몰지각한 모습도 드러내야겠지. 우리는 종말을 살고 있는데 목사들이 그 사실을 모르는구나.

그러다 보니 우리 교인들의 영적 생명이 언론인과 정치인들의 손에 맡겨져 있다. 언론인과 정치인들에게 무슨 문제가 있는 것은 아니다. 그들에게는 해야 할 일이 있고 자신들의 권리에 따라 그 일들을 하고 있다. 그러나 과거의 그 어느 때에도(제2차 세계대전과 홀로코스트와 원자폭탄이 여기에 비길 만했겠지만 당시에 나는 너무 어려서 잘 알지 못했다) 일상 현실의 종말론적 기층이 지금처럼 선명하게 드러난 적은 없었다. 그런데 목사들이 선지자들의 비전과 시에 푹 잠긴 상상력을 가지고 강단에 오르거나 요양원과 병원을 찾는 모습은 좀처럼 보이지 않구나. 한쪽에서는 '하나님, 미국에 복을 내리소서'를 외치는 종교의 다양한 변종들이 보이고, 다른 한쪽에서는 성난 비난과 욕설이 들려온다. 그리고 교회의 평범한 그리스도인들은 이곳이 바로 복음이 형성된 세계, 복음이 소망과 사랑의 삶을 위한 적절한 자원을 끊임없이 제공하는 세계라는 사실을 전혀 듣지 못한다.

내가 크게 존경하고 피상적이거나 어리석다는 비판이 결코 합당치 않은 우리 교회의 W 목사님은 교인들의 삶에서 지금 벌어지는 일에 여전히 철저히 무심하다. 9·11 이후의 첫 번째 주일부터 그는 회중 대부분의 상상력을 장악한 세계 상황에 대해 한 번도 언급하지 않았다. 복음과 하나님 나라를 다루는 교계는 신문이나 텔레비전에 나오는 어떤 소식에도 전혀 반응할 필요가 없다는 듯 말이다. 교인들 중에는 예비군으로 동원되어 나간 아이와 손주들을 둔 부모와 조부모들이 있다. 그런데 기도할 때도 그들에 대한 언급이 한 마디도 없더구나.

이런 모습을 긍정적으로 해석할 만한 명분은 있다. 하나님 나라는 너무나 강력하게 현존하고 실재하므로 우리가 세상물정에 관심을 갖거나 아는 체할 필요가 없다는 것이지. 그러나 그런 생각이 썩 목회적이라는 확신은 들지 않는구나. 테러리스트들만 놓고 보면 세상의 사건에 복음적 관심을 기울일 필요가 별로 없을지 모르지만, 공포에 떠는 영혼들에게는 분명히 그런 관심이 필요하다.

자신이 **뭔가 하고 있다는** 인상을 주려고 교인들을 우르르 몰아가는 것이 목사의 임무는 아닐 것이다. 어떤 의제를 밀어붙이기 위해 감정을 이용하는 것도 그의 임무일 수 없다.

이 모든 일에 대해 짜증만 내는 사람이 되고 싶지는 않구나. 영혼과 성경을 조합하는 우리의 일은 이 땅의 회중들을 만들어 낸다. 나는 이 일에 진지하고 참을성 있고 유쾌하게 참여하는 목회적 지성과 정신이 개발되기를 갈망하고 기도한다.

어쨌든, 이 편지를 선언이 아니라 대화로 여겨 다오. 이런 노선에서 목회를 하는 목사들이 많을 거라고 확신한다. 그런 목사가 너 하나뿐일 리가 없지!

네 엄마와 나는 추수감사절을 고대하고 있다. 가족이 함께 모여 축하하는 기쁨과 행복의 시간이 기다려진다.

사랑을 담아,
아빠가

열두 번째 편지

∞

2002년 1월 26일

에릭에게

노발 헤그랜드 목사님 기억하니? 비행기 모는 것을 좋아하던 비쩍 마른 노르웨이 출신의 (은퇴) 목사님 말이다. 그분이 지난주에 여든여섯의 나이로 돌아가셨다. 죽음이 임박한 것이 분명했던 생애 마지막 몇 주 동안 나는 여러 번 그분을 심방했다. 그 마지막 몇 주 동안 그분 곁에는 딸 메리와 루스, 그리고 조카딸 마릴린이 있었다. 그들이 모두 함께 있지는 않았지만 적어도 한 명은 늘 곁을 지켰지. 마거릿 사모님은 몇 달 전에 돌아가셨단다. 목사님은 너무 약해져서 말씀을 많이 할 수 없었지만 그분을 방문한 시간들은 더할 나위 없이 좋았어. 그런 좋은 죽음—본인뿐 아니라 딸들과 조카딸에게도—에 함께할 수 있었던 것은 내게 영광이자 특권이었다. 그분은 자신의 목회생활에 대한 넘치는 감사를 안고 원하던 대로 집에서 죽음을 맞이했다. 그분과 마지막 몇 주를 함께한 나는 내게 주어진 목회자의 삶에 대해 크게 감사하며 성찰했단다(내게 이런 삶이 몇 년 더 남아 있기를 바란다만!).

장례식은 더할 나위 없이 훌륭했다. 몬태나 루터교에는(다른 지역에도 해당하는지는 모른다) 목사가 죽으면 시간이 되는 목사들이 전부 예복을 입고 함께 앉아 찬송가를 부르는 전통이 있다. 열두 명에서 열네 명의 목사가 하얀 예복 차림으로 줄지어 들어와 왼쪽 신도석 맨 앞 서너 줄을 채워 앉았지(W 목사님이 나도 초대했지만, 그 무리의 일부라는 느낌이 들지 않았기에 사양했다). 정해진 시간이 되자 강단 옆으로 나가 찬송가집을 들고 찬송가를 불렀는데, 연습을 안 한 것 같았지만 참을 만했다. 목사들이 모여 동료 목사의 인생을 증언하고 거기에 찬사를 바치는 장면은 너무나 감동적이었다. 노발 목사님의 자녀들이 돌아가며 아버지와 남편과 목사로서 보낸 그의 인생을 향한 멋진 찬사를 바쳤다. 노발 목사님에 대한 이야기들이 차곡차곡 쌓이면서, 그분이 평생을 주변부에서 살았다는 사실이 분명히 드러났지. 그분은 노스 다코타와 몬태나의 작은 교회들에서 사역했고, 여러 해 동안 알래스카에 머물면서 에스키모에 대한 특별한 관심을 가지고 비행기를 몰고 여러 교구를 누볐으며, 에스키모들을 위한 교회를 놈Nome*에 설립했다. 사회 및 경제 정의를 줄곧 촉구했고(정치가를 포함한 많은 부류의 사람들에게

• 　미국 알래스카 주 북서부의 항구도시—옮긴이.

신랄한 내용의 편지를 보냈다), 진지한 성경적·신학적 연구들을 이어 갔으며, 비행기를 운전하고 정비했다(나는 그가 숙련된 정비사인 줄 몰랐다). 유족들의 발언이 끝나고 W 목사님이 설교를 시작했다. 그것은 그의 최고의 설교 중 하나였다. 너도 알다시피 W 목사님은 강단에서 늘 진지하고 충실한 설교를 하지만, 종종 경직되고 교리적이며 네 엄마의 표현을 빌리면 "너무나 루터파스럽고" 상상력이나 관계성은 찾아보기 어렵지. 그러나 가끔은 걸작을 내놓는데 이번 설교가 그중 하나였다. 인격적이고 단순하고 복음적이고 정확하고 성경본문과 상황 모두를 확실하게 비춰 주는 내용이었다.

노발 목사님의 마지막을 함께한 일과 추도예배가 선사한 울림이 지금도 내 안에 남아 있다. 목회자의 삶이 여전히 그렇듯 고결하고 명예로울 수 있다는 사실을 알게 되어 안심이 되고 확신이 생겼단다. 내가 하나님을 섬기는 이 독특한 삶에 참여하고 있다는 데 대한 감사가 계속 솟아오른다. 내가 가르친 학생들 중 일부가 대기업 같은 교회에서 화려한 경력을 좇고 있다는 것을 알게 될 때는 정말 괴롭단다. 지난 이 년 사이에 그런 일이 여러 번 있었지. 그래서 자의식을 철저히 버리고 그리스도를 섬기는 목사의 삶의 증표가 된 노발 목사님이 내게 이토록 의미 있는지도 모른다. 그런 삶이 여전히 가능하다는 확증이랄까.

콜버트 장로교회 헌당예배 설교 준비를 며칠 전에 마쳤다. 준비를 일찍 시작했어야 했어. 회중의 일상에 관여하지 않는 지금은 설교 준비가 무척 어렵구나. 삼십 년 넘게 매주 그 일을 어떻게 했나 싶다. 회중과 함께 살면서 그들을 위해 그들과 함께 기도하고 열을 올리다가 기뻐하기를 반복하는 일이 없으니 설교 내용이 도대체 하나로 연결되지 않는구나. 기도와 임시변통으로 뭔가를 얼기설기 엮어 내기는 했는데, 네가 창피할 일이 없기만을 바랄 뿐이다.

너도 알다시피 헌당예배에는 설교 외에도 많은 요소가 있다. 네가 나를 제너시스 센터 헌당예배에 초청해 주어서 참 기뻤다. 덕분에 워싱턴의 그 수백 제곱피트 땅에 만들어진 복음의 상징물을 직접 볼 수 있었지. 수년에 걸친 너의 목회생활이 기도와 성경과 인격적 관계에 흠뻑 잠긴 형태로 드러나는 현장에 있게 된 것도 너무나 기쁘다. 예배에 참석하는 것만으로도 기뻤을 테지만, 설교를 준비하면서 너와 네 회중이 그동안 한 일을 다시 곰곰이 따져 보게 되어 더욱 뜻깊었다.

어제 오전에 네 엄마와 나는 이틀 정도 머물 요량으로 캘거리에서 오는 친구(리젠트의 내 조교인 조이스 피스굿)와 함께할 것을 기대하며 치킨 카치아토레를 준비했지. 그런데 방금 그녀에게올 수 없다는 연락이 왔다. 캘거리는 지금 영하 26도이고 시시각각 눈이 쌓이고 있다는구나. 전형적인 프레리 눈폭풍이라 할 수 있지. 엄청난 양의 요리를 준비했는데 먹을 사람이 없다. 큰길과 샛길로 나가서 사람들을 붙들어 와야 할까 보다.

사랑을 담아,
아빠가

열세 번째 편지

∞

2002년 4월 15일

에릭에게

토요일에 밖에 나가서 폰데로사 묘목 여덟 그루를 파내와 여기 심었다고 엄마가 말한 걸로 안다. 그 일을 하는 내내 매트 매튜스 씨가 그리스도 우리 왕 교회 둘레에 스트로브잣나무를 죽 심던 기억이 떠올랐다. 네가 그 일을 도왔었지. 그 일을 생각할 때마다 기분이 참 좋구나. 교회를 세우고 가정을 세우고 공동체를 세우는 일의 완벽한 은유 같거든. 망치로 두드려 만들어 내는 건축이 아니라 뭔가를 땅에 심는 작업 말이다. 온 하늘과 땅이 그것을 키우지만 자라는 속도는 더디고 더디고 더디다.

지금 나는 토니가 건너편 구역에서 완력으로 집 앞 호숫가를 바꾸는 모습을 지켜보고 있다. 며칠 전 거대한 트럭들이 들어와 거대한 바위들을 언덕 한쪽에 내려놓기 시작했다. 지름이 이 미터나 되는 그야말로 거대한 바위들이었지. 우리로서는 토니가 무슨 일을 하는지 알 수 없었단다. 그로부터 이틀 후, 두 대의 기계가 더 들어왔다. 대형 프론트로더와 긴 봉에 삽이 달린 트랙터(뭐라고 부르는지 모르겠구나)가 바위들을 언덕 끝에서 아래 호수로 밀어 넣기 시작했다. 그다음 그것들을 쌓아 올려 호수 안으로 사오 미터 정도 들어간 지점에 바위 옹벽을 세웠다. 옹벽 안쪽 공간을 메워 두 부두 사이에 테라스를 만드는 공사의 밑작업이었다. 오늘은 또 다른 기계가 와서 언덕 꼭대기에서 이십여 미터 아래 있는 옹벽 안으로 자갈을 쏟아부어 빈 공간을 메우고 바닥을 평평하게 만들었다. 토니가 자기 소유의 피조세계에 자신의 의지를 강요하는 며칠 동안 우리는 소음에 시달렸고 그가 땅에 가하는 폭력을 지켜보았단다. 비용도 엄청날 것 같다. 만오천 달러나 이만 달러는 되겠지. 그런데 그는 왜 이런 일을 벌이는 걸까? 이곳에 자주 오지 않고, 여기서 머물 때도 밖으로 잘 나오지 않고 가끔 보트를 타는 것이 전부인데 말이다. 그는 뭔가 일을 벌이고, 자신이 주인임을 입증하고, 자기 존재를 알리고 느끼게 하고 싶은 욕망이 있는 게 분명해. 이곳의 주인이 누구인지 땅과 세상에 보여주려는 것이지.

두 작업 방식 곧 삼십 년 전에 너와 매트가 일했던 방식과 이번 주 토니의 방식은 마치 비유처럼 보인다. 장소와 사람을 다루는 두 방식이랄까. 주어진 조건 안에서 씨앗을 심고 생명이 성숙하기를 기다리거나, 기계들을 끌고 와서 땅과 바위를 참을성 없이 재배치하여 통제력과 지배력을 내세우거나. 더디지만 기도하는 가운데 네게 주어진 사람들에게 주목하고 그들을 존중하며 회중을 키워 온 너의 방식은 현재의 프로메테우스적이고 비인격화된 수많은 교회 운영법과 극명한 대조를 이룬단다.

이번 달 말에 콜로라도 스프링스에서 열리는(원래는 잭슨 홀에서 열리기로 되어 있었는데 장소가 바뀐 이유는 모르겠다) 록키마운틴 위커크 컨퍼런스 강연 준비를 계기로 이 문제를 생각하고 있다. 주최 측에서 요한일서 본문을 정해 주었고 나는 그 본문에 푹 잠겨 지냈다. 요한이 회중에 접근하는 방식에서 매우 인상적인 것 하나는 그들을 굉장히 품위 있게 대하고 존중한다는 점이다. (행간에서 드러나는 대로) 교인들이 서로 말다툼을 벌일 만큼 어리석게 굴었으니, 요한은 그들을 한심하게 여길 수도 있었을 것이다. 그러나 그는 그들을 엄하게 대하면서도 친밀한 언어, 관계적 관심을 결코 거두지 않는다.

이런 모습을 교회 지도자들 사이에서 거의 찾아보기 어려운 이유를 모르겠다. 교회는 대의명분이나 프로젝트나 비전으로 대체되고, 추상화와 일반화를 거치면서 관계(그리고 요한의 주된 관심사인 사랑)는 주변으로 밀려나고 진정제 정도로 희석된다.

그러나 좀 더 괜찮은 이야기가 하나 있다. 우리가 밥과 에이미 존스 부부 이야기를 했는지 모르겠구나. 밥은 크렌브룩(캐나다)의 침례교회 목사로, 그들 부부는 교회에서 일을 잘 해냈고 두루 인정받고 있다. 밥은 지금 맡고 있는 교회에서 십이 년째 일하고 있는데, 일 년 전부터 우울감이 찾아오더니 곧 한계에 이르렀고 이곳에 몇 차례 내려와 그 문제로 우리와 대화를 나누었단다. 네 엄마와 나는 안식년을 가져 보길 권했고, 그의 교회는 그 의견에 동의했지. 이후 그들은 오스트리아의 슐로스 미터질 호텔에서 여섯 달을 보냈고 우리가 그 비용을 댔다. 시간이 지나 그들은 활력을 얻고 돌아왔지만, 프로그램과 홍보를 무척 좋아하는 보통의 침례교 방식으로 교회 일을 할 생각이 더 이상 없었지. 밥은 교인들의 기대를 채우는 일에는 흥미가 없다고 털어놓았고 떠날 준비를 해야 할지도 모른다고 말했다. 그들은 지방회 관리인 감독에게 전화를 걸었고, 감독은 교회 지도자들과 밥을 만나 상황을 파악했지. 교회 지도자들은 밥이 교회 역사상 최고의 목사이자 설교자, 교사임을 인정했지만, 교회를 유명하게 해주고 프로그램들을 잘 운영해 나갈 사람이 필요하다고 했고, 감독 역시 관리 능력이 있는 사람이 필요하다는 데 동의했지. 그래서 밥과 에이미는 세 주 전에 이곳으로 내려와서 전체 상황을 가지고 우리와 다시 이야기를 나누었다. 그 과정에서 밥이 그 교회 사람들의 목사로 사는 일을 정말로 좋아한다는 사실을 분명히 알 수 있었지. 지금 교회를 떠난다 해도 '교회를 운영할' 사람을 원하는 다른 교회로 갈 생각은 없어 보였다. 지난주에 다시 밥과 통화를 했는데, 나는 그 감독이 보다 열정적인 프로그램들을 바라는 회중에게 영합하고자 최고의 목사를 희생시키려 한다고 한탄했다. 그리고 어제 밥 부부가 보낸 카드를 받았다. 에이미는 교회 지도자들이 전날 모였고 밥이 정말 떠날 수도 있음을 깨닫자 그 대신에 누가 오게 될지를 생각하게 되었다고 썼다. 그들은 토론 과정에서 자신들이 정말 원하는 것은 '종교적' 교회가 아니라 밥과 에이미가 지난 십이 년 동안 사역했던 노선을 따르는 관계적이고 목회적인 교회, 설교 및 가르침에 집중하고 목사가 교인들의 가정과 직장에서 그들과 함께하는 데 힘을 쏟는 교회라는 결정을 내렸다는구나.

이야기가 아직 끝나지 않았다만, 솔직히 말하면 나는 네 엄마가 시내로 차를 모는 내게 읽어 준 그 엽서에 적힌 내용을 믿기 어려웠단다.

아무튼 이것이 요즘 내가 생각하고 있는 내용이다. 네가 회중을 "하나님의 자녀"의 존엄에 합당하게 대하고, 장래에 "우리가 어떤 모습일지 알고", 씨를 뿌리고 오래 가꾸어 싹이 자라는 모습을 본다는 것이 감사하다.* 그들을 세쿼이아에 비길 수 있지 않을까?

교인들을 사랑하는 에릭, 너를 위해 계속 기도하마.

사랑을 담아,

아빠가

---

* 아버지는 기억에 의거하여 요한일서 3:2 구절을 풀어 쓴 것 같다.

열네 번째 편지

∞

2002년 10월 29일 / 11월 19일

에릭에게

이번에 네게 쓸 편지에 집중하기가 왜 이리 어려운지 모르겠다. 거의 세 주 전에 쓰기 시작했는데, 계속해서 삭제 버튼을 누르고 있단다. 그리고 이제 다시 시작한다. 이번 주 초에 있었던 일로 시작해 보자꾸나. 전화로 이야기했던 여행 말이다.

나는 화요일에 텍사스 주 타일러에 갔다가 수요일에 돌아왔다. 『메시지』홍보를 위해 처음으로 뭔가를 했지. 이 모임이 정말 중요하다는 네브프레스 출판사 홍보 담당자의 말에 넘어가 몇 달 전에 참석을 약속해 둔 터였다. 하지만 담당자의 말과 달리, 나는 엉뚱한 사람들과 엉뚱한 곳에 있었단다. 한 서점 체인이 목사들을 위해 매년 마련하는 오찬 자리였어. 이백 명이 넘는 목사들을 모아 놓고 『메시지』에 대해 이야기하라고 해서 그렇게 했지. 모두가 대단히 고마워했고 품위 있었으니 나는 감사해야 마땅할 것이다. 그러나 그들의 입에는 독실한 기독교인 대통령이 세상을 다스리고 있다는 것과 자신들이 훌륭한 기독교 도시와 주에 있다는 데 대한 자기만족과 상투적 표현들이 가득했다. 지금까지 그렇게 철저한 바이블 벨트* 세계에 푹 잠겨 본 적이 없었다는 것을 깨닫게 되었다. 화려한 여인들은 모두 똑같아 보였고, 목사들이 말하는 내용도 똑같게 들렸다. 점장이 자랑스러워하던 서점은 정말 컸고 온갖 종류의 CD, 테이프, 음악잡지가 방대하게 갖춰져 있었지. 엄청나게 진열된 기독교 로맨스 소설, 거대한 토머스 킨케이드 갤러리도 있었다. 나는 목사들 앞에서 강연하며 웬델 베리를 언급했는데, 그들은 들어 본 적도 없는 이름이었어. 그 서점에 남부 복음주의의 검증을 거치지 않은 것은 하나도 없었단다.

어째서 나는 이 세계가 불편하기 짝이 없을까? 그들은 모두 내 편이고 하나같이 예의 바르고 내 말에 긍정적이지만(동의하지만), 그것은 깊이가 없고 고통도 없고 모호함도 없는 복음 같구나. 모든 것이 반듯하게 펴지고 다려졌고, 칼라에는 풀을 잔뜩 먹였다. 나는 왜 이 자리가 거북하기만 할까?

여기까지 써 놓고 보니 이 편지를 본격적으로 쓰기가 어려웠던 이유를 알 것 같구나. 네브프레스에서 완간 기념 파티를 가진 뒤 몇 달째 내게 익숙한 것보다 '복음주의자들'과 많은 시간을 보

* 복음주의 성향이 강한 미국 중남부에서 동남부에 이르는 지역─옮긴이.

내고 있는데, 그 영향이 쌓이기 시작했다고 할까. 나는 다양한 감정들에 익숙하고 의심과 절망의 문제들을 솔직하게 표현하는 모습에 익숙하다. 사람들이 내가 해오던 일과 하고 있는 일에 '아멘' 이라고 말하는 것이 삶에서 우러나온 동의가 아니라 예의상 하는 말처럼 들리는구나. 박수갈채가 녹음된 소리처럼 들려.

이렇게라도 털어놓으니 기분이 좀 나아지는구나.

사람들을 만나는 과정에서 뻗어 나온 생각이 하나 있다. 우리 문화에서 교회의 주된 일은 '수단과 방법'ways and means과 관련이 있다는 느낌이 든다. 모든 사람이 복음을 알고 구원받은 것을 기뻐할 때는(이것은 수많은 교계에서 너무나 흔한 일의 극단적 사례이지) 그들의 수단과 방법의 부적절성이 부정적으로 두드러지지. 그들이 찬사를 보내는 대상은 크고 매력적인 것들, 이미지와 숫자다. 그들이 하는 말로 미루어 보면, 『메시지』에서 가장 중요한 것은 칠백만 부가 팔렸다는 사실이야. 나는 상원조세무역위원회Senate Ways and Means Committee*가 무슨 일을 하는지 잘 모른다만, 상원에서도 영향력이 큰 위원회 중 하나인 것 같더구나. 우리에게도 [특정한 수단과 방법이 영향력을 갖는] 비슷한 현상이 있는 것일까?

이것이 주로 목사들의 책임이라는 생각이 든다(어쩌면 내가 죽 해오던 생각일지도 모르겠다). 우리가 사람들을 순종과 신뢰로 이끄는 데 사용한 수단과 방법에 문제가 있었던 것이지. 기술에

---

* 국가의 세입조달을 위한 입법 수단과 방법을 관할하는 상원 위원회―옮긴이.

집착하는 문화에서는 인간의 상상력이 상당히 자연스럽게 수단과 방법의 지배를 받는다. 모든 기술은 정의상 좋은 것이고, 그에 대한 비판적 관심이나 분별력의 발휘는 있을 수 없다. 좋아 보이고 사람들의 기분을 좋게 만들며 많은 좋은 사람들을 한데 모으는 일이라면 좋은 것임에 틀림없다는 것이지.

마귀가 예수님을 시험한 세 가지 유혹은 모두 수단과 방법과 관련이 있었다. 마귀의 목표는 하나하나 모두 탁월했고, 마귀는 그 누구에게도 뒤지지 않는 비전 선언문을 갖고 있었어. 그러나 수단과 방법이 그 목표들과 양립할 수 없었고 예수님은 그것을 즉시 꿰뚫어 보셨지. 그런데 목사들은 왜 비전과 목표에 그토록 도취해 있고 수단과 방법에 대해서는 도대체 갈피를 잡지 못하는 것일까?

문제는 미국의 목사, 특히 문화에 '영향'을 끼치고 싶어 하는 목사들은 관상적 삶의 중심에 있는 '수단과 방법'에 대한 고민이 거의 없다는 점이야. '관상적'이라는 단어 자체가 관심의 주변부로 멀리 밀려나 있고 주말의 수련회나 숲속을 거닐 때 가끔 빠져드는 일 정도로 치부되지.

텍사스 주 타일러와 그 주변의 교외 지역에서는 복음주의 교회들의 신도석이 꽉꽉 들어차는데, 그 지역에 머물 때면 예수님이 이끄시는 대로 살아가기 위한 수단과 방법에 관심을 갖게 하는 일이 불가능해 보여 힘이 빠진단다. 한때 이전의 모든 친구가 감탄하여 받아들인 수단과 방법의 중심에는 실시간 통신, 효율성, 서두름, 계획, 계산이 자리 잡고 있었지. 그러다 보면 작거나 느린 것은 작거나 느린 사람을 포함하여 전부 한심하게 여겨지게 되지.

네 엄마와 나는 셀라신탁이라는 이름의 신탁을 만들고 그것에 대해 생각해 왔고, 우리가 평생 해온 일이 무엇이고 어떻게 하면 거기에 일치하는 방식으로 우리 돈을 쓸 수 있는지에 집중했다. 계속 떠오르는 단어는 **관상**이다. 우리의 주된 관심사는 사람들과 단체들이 헌신하는 대의나 목표가 아니라 그들이 그 일을 하는 방식이다. 복음적 진정성의 시금석은 **무엇**이 아니라 **어떻게**니까.

일반적 기금모금은 모두 '무엇'에 집중한다. 돈을 끌어올 수 있다면 **어떻게** 따위는 상관없다는 식이다. 그래서 우리는 [신탁을 통한 기부를] 결정하고 계획을 세울 때 지역에 얼마나 밀착해서 실제로 일이 어떻게 진행되는지 살핀다.

에릭, 이것이 과연 편지인지 모르겠구나. 편지보다는 불평에 더 가까운 것 같다.

앞서 삭제한 내용 중에는 일흔이 된 기분을 성찰한 도입부도 있었는데, 그 내용은 나중에 다시 쓸 생각이다. 사실, 일흔이 된 기분은 꽤 괜찮다. 이전에는 새로운 십 년에 접어들면서 그렇게 성찰해 본 기억이 없다. 칠십대를 맞으니 뭔가 관상적인 느낌이 드는구나. 하지만 '불평'을 먼저 모두 털어 내야만 내 속에서 일어나는 일을 제대로 다룰 수 있을지도 몰라.

사랑을 담아,
아빠가

열다섯 번째 편지

∞

2003년 1월 25일

에릭에게

추수감사절 이후로 계속 뇌리에 맴돌던 이미지를 이제 너와 나
눌 때가 된 것 같다. 베르길리우스의 『아이네이스』가 어떻게 시작
되는지 기억하니?(도입부였던 것 같은데 여기에 책이 없구나) 트로이
인들은 그리스인들에게 패했고, 트로이 사람 아이네아스가 트로
이 시를 빠져나가고 있지. 그는 필생의 과업을 수행하기 위한 여정
에 나서고, 그 여행 끝에 결국 로마 시를 건설하게 된다. 그의 아버
지 안키세스는 그 여행을 감당하기에 너무 늙었지만 아이네아스
는 아버지를 두고 떠나기를 거부하지. 그는 시간이 지체되는 상황
을 감수하고 늙은 아버지 안키세스를 등에 업은 채 트로이를 떠난
다. 자신의 혈연을 버려두고 '혼자' 새로운 일을 도모하는 대신, 상
당한 불편을 감수하고 아버지와 함께 가는 길을 택했지.

추수감사절에 너와 카약을 타려고 호수로 내려갈 때 이 이미지가 떠올랐단다. 너는 카약 두 대를 거뜬히 들어 올렸어. 반면 나는 카약으로 들어가는 동안 몸이 뻣뻣하고 불편했다. 너는 내가 무사히 배를 띄우도록 드러나지 않게 도와주었어. 그다음 우리는 출발했지. 그때 나는 우리 생일이 가까이 붙어 있다는 사실을 처음으로 깨달았다. 너는 마흔 살 생일이 얼마 안 남았고 나는 일흔 살 생일이 막 지났지. 너의 유연한 힘과 나의 약해진 기민함. 너는 힘차고 빠르게 카약을 저었고, 나는 너와 함께했지만 힘이 약해져서 더디게 가고 있었다. 그날 호수에서 아이네아스와 안키세스를 생각했다. 나를 아들에게 업혀 있는 안키세스로 보게 된 거지.

당시에는 아무 말도 하지 않았다. 아무 말도 **할 수 없었지**. 그 깨달음이 전에 없던 것이어서 곰곰이 생각하고 함의를 곱씹고 관련된 기억들이 서로 연결되게 할 시간이 필요했다. 그러나 이제는 말할 수 있다. 생일 축하한다, 에릭.

너도 알아챘겠지만, 생일은 언제나 내게 큰 의미가 없었다. 부모님은 생일을 중시하지 않으셨어. 사실, 카렌이나 켄이나 내가 생일파티를 하거나 생일케이크를 받은 기억이 없다. 우리 집에 사랑의 증거가 부족했다고 생각하지는 않는다. 다만 주님이 곧 다시 오실 테고 우리는 생일축하 같은 경박한 일에 쓸 시간이 없었던 것뿐이지. 네 엄마는 '생일에 무심한' 나의 부족함을 메워 주려고 열심히 노력했지만, 네 엄마가 춤을 추는 동안 여전히 나는 절뚝거리는 수준을 벗어나지 못하는구나.

하지만 이번 생일은 다르다. 네 마흔 번째 생일을 전후로 성찰하고 기도하면서, 너와 네 가족과 네 사역이 너무나 건강하고 성경적으로 거룩하다는 생각이 들었다. 나의 느낌은 아마 상당 부분 이기적인 감정일 거다. 내가 무엇을 얻는지와 관련되어 있겠지. 그러나 너에 대한 느낌은 다르다. 너는 네 엄마와 내가 사십 년 전에 시작한 일을 많은 부분 완성하고 확증하고 있는 것 같다. 너는 그 일을 점점 더 잘 해내고 있고 더 느긋하고 더 자신 있어 보인다. 나는 목사가 되는 법을 배우려고 애쓰면서 그 모든 세월을 보냈는데, 너는 바로 일어서서 그 일을 해냈다. 너의 목회생활과 가정생활이 잘 통합되어 있는 것이지.

네 엄마와 나는 몇 주 전에 환경보호 모임에 참석해 야크에 사는 지역 작가 릭 베이스Rick Bass의 강연을 들었단다. 그 사람 이름을 듣거나 글을 읽어 본 적이 있니? 리프가 그 사람을 무척 좋아하더구나. 리프가 내게 그를 소개했다. 릭은 탁월한 작가이고, 황무지 보호를 적극적으로 옹호하고 환경적 대의를 위해 열심히 일하면서 지역 내 벌목 및 광산 사업에 끊임없이 반대의 목소리를 냈다. 이번에 그를 처음 봤는데, 마흔다섯에서 쉰 정도 돼 보이고 키가 약간 작고 엘프처럼 유쾌하고 경쾌하더구나. 인상적인 부분은, 환경보호 문제를 열렬히 옹호하는 사람인데도 그에게서 '호전성'을 찾아볼 수 없었다는 것이다. 원망이나 냉소, 비난이나 증오, 분노가 전혀 없었지. 나는 너와 나의 가정생활 및 목회생활과 그를 연결해서 생각해 보게 되었다. 그러다 그가 빙하에 대해 쓴 에

세이를 우연히 발견했지. 그것을 한 부 옮겨 적었고 이제 네게 보내려 한다. 그런데 오늘은 토요일이라 우체국이 열지 않는데 우표를 붙이려면 무게를 달아야 한다. 그래서 편지는 지금 보내고 에세이는 더 큰 봉투에 담아 월요일에 보낼 생각이다. 네 생일에 맞춰 에세이를 받지 못할 수도 있는데, 이 편지는 제때 도착했으면 좋겠구나. 아무튼 나는 그의 빙하가 목회사역의 훌륭한 은유라고 생각한다. 목회사역은 눈에 띄는 일이 전혀 벌어지지 않는 채로 너무나 오랜 기간 진행되지 않더냐. 릭의 빙하 은유는 목회와 가정사역, 설교와 기도의 점진적 성격을 상당히 영광스러운 뭔가로 바꿔 준다. 빙하 은유를 네 마흔 번째 생일선물로 받아 다오!

사랑을 담아,
아빠가

열여섯 번째 편지

∞

2003년 4월 12일

에릭에게

우리의 안식일 촛불을 켜는 일로 오늘 저녁에 고난주간을 시작할 것이다. 내일 애나가 생일케이크 위로 종려가지를 흔들어 종려주일을 제대로 축하하겠지. 카렌도 와서 이틀 정도 머물 거다. 카렌이 생일파티를 좋아하잖니. 이곳에 모두 모일 것 같구나. 여기에는 움직일 공간이 좀 있으니까.

이곳 골짜기의 루터파 교회들에서는 사순절 기간 동안 수요일 저녁마다 목사들이 돌아가며 강단에 섰다. 그래서 매주 다른 루터파 목사의 설교를 들을 수 있었단다. 지난주 수요일에 W 목사님이 돌아왔고, 그의 회중과 함께 사순절 마지막 수요일 예배를 드렸지. 너도 알다시피 W 목사님이 매우 뛰어난 설교자는 아니지만 그는 언제나 제몫을 해낸다. 설교를 진지하게 받아들이고 성경을 진지하게 받아들이지. 강단 위에서 허튼소리나 어리석은 말을 하는 법이 없어. 그러나 지난 몇 주 동안 왔던 다른 목사들은 민망함 그 자체였다. 두서없고 산만하고 잔꾀를 부리고 성경본문과 설교의 연관성을 알 수 없는 데다 쓸데없는 도덕적 조언을 툭툭 던졌다. 그야말로 끔찍했지. 우리 교회에서는 홀든 빌리지* 전례용 성가집의 찬양과 성경을 예배 때 사용하기에 기도문과 음악은 좋았는데(그 성가집 아니? 마티 호건의 작품인데, 우리 교회는 사순절마다 이 성가집을 쓴다), 설교는 글쎄다. 도대체 설교라고 할 수가 없었어. W 목사님이 돌아오고 나서야 비로소 상황이 달라졌지. 그의 설교가 그렇게 훌륭하게 들린 적이 없었다!

네가 설교를 진지하게 여기고 아주 잘 해내고 있어서 기쁘구나. 예배를 진지하게 여기고 잘 인도하는 것도 기쁘다. 린의 뒤를 이을 사람('대체할' 사람이 아니라 '뒤를 이을' 사람 말이다. 그녀는 대체 불가니까!)을 찾는 널 위해 네 엄마와 함께 기도하마.** 설교가 그렇듯 예배도 어려운 시기를 만났으니 당분간 쉽지는 않을 것 같구나. 지난 몇 년간 내가 만난 '예배 인도자' 대부분은 예배가 무엇인지 전혀 모르는 것 같았다. 내가 심술을 부리는 게 아니길 바란다만, 오늘날 수많은 교회에서 회중의 두 가지 중심 행위인 설교와 예배가 엉망으로 이루어지고 있어서 참 괴롭구나. 오랜 세기에 걸쳐 설교와 예배는 회중 정체성의 침범할 수 없는 핵심이

---

* 워싱턴 주에 위치한 루터교 리트릿 센터—옮긴이.
** 린은 콜버트 장로교회 찬양인도자였다.

었는데, 어쩌다 수많은 회중들이 설교와 예배를 이토록 가볍게 취급하고 심지어 무시하기에 이르렀을까?

영성신학의 기본텍스트 저술의 마지막 단계로 접어들었다. 공동체에 대한 부분이지. 그래서 그리스도 우리 왕 교회 시절의 모든 일을 다시 생각하고 있단다. 그 교회가 지난달에 창립 40주년을 기념한 일, 그 자리에서 네가 쓴 그 교회 40주년 축하편지를 네 엄마가 낭송한 일,••• 그 시절의 모든 얼굴과 영혼이 한데 모인 일은 매우 시의적절했다. 그와 동시에, '성공적인 교회를 운영하는 법'에 대한 현대 교회의 분위기를 의식하게 되는 시간이기도 했다.

목회 초창기에 나는 엘리트주의적 교회 개념을 갖고 있었다. 이런 개념은 상당 부분 오순절교회에서 자라면서 물려받은 것이지. 우리는 '평범한' 교회를 진짜 교회로 생각하지 않았다. 오순절교회에서 인정하는 성령 충만한 표준적 모습을 갖추지 않은 사람, 부흥의 횃불을 마지막 날에 전달하는 무리의 선봉에 선다는 인식이 없는 사람은 별 볼일 없는 신자였다. 내가 다른 그리스도인들을 예수님을 따르는 동등한 신자로 인정하기까지는 오랜 시간이 걸렸다. 내면의 우월감과 특권의식을 버리는 데는 더 오랜 시간이 걸렸지. 장로교 목사로 안수를 받고도 여러 해가 더 필요했단다.

••• 이 편지는 다음 책에 실려 있다. Eric E. Peterson, *Letters to a Young Congregation: Nurturing the Growth of a Faithful Church*(Colorado Springs, CO: NavPress, 2020).

돌이켜 보니, 나의 옛 교회 개념에는 기독교 공동체를 정말 잘 꾸리기 위한 급진적이고 철저한 시도들에 대한 존경과 그것을 따르고 싶은 마음이 섞여 있었던 것 같다. 내가 만약 로마가톨릭 신자로 자라났다면 수도사(아마도 가르멜회 수도사)가 되었을까? 그것은 잘 모르겠지만, 거기에 끌리기는 했을 것 같다. 그리고 나는 워싱턴의 세이비어 교회와 조지아의 코이노니아 공동체, 독일의 브루더호프 공동체 같은 고도로 훈련된 공동체들에 늘 마음이 끌렸다.

네 엄마와 함께 벨 에어에 처음 갔을 때, 나는 그런 교회를 이루고 싶은 막연한 열망이 있었지만 그 일을 진행할 방법에 대한 분명한 계획은 없었다. 더듬더듬 길을 찾아가면서 초점을 유지하고 관습적 교회의 모습을 피하려고 노력했다. 그러다 이삼 년 정도 지난 후, 우리 교회에는 과격하거나 희생적인 일에 전혀 관심이 없는 사람들이 모였고 나의 노력으로 그것이 달라지지 않을 것임을 깨달았다. 밀과 가라지 비유는 내 목회적 방향전환의 중요한 근거가 되었다.* 내가 받은 것은 밀과 가라지이고 그 둘을 구분할 능력이 없으니 그들을 있는 그대로 받아들이는 편이 나을 터였다.

나는 급진적·희생적·관상적 공동체들을 계속해서 흠모했다(지금도 그렇단다). 그러나 매 주일 오전 내 눈 앞에 모이는 사람들

• 　마태복음 13:24-30.

이 바로 성령의 공동체로 변하는 표준적 기독교 모임임을 받아들이게 되었다. 이것이 목사들에게 주어진 사역의 현장이다. 우리가 설교하고 함께 기도하고 경청하고 사랑하는 사람들을 규정하는 것은 치열한 적극성이나 영적 엄밀함이 아니고 세례이다.

그런데 내가 분명하게 말하기 어려운 부분이 있다. 이제부터 말하려는 바가 제대로 된 생각인지 자신이 없다. 나는 '밀과 가라지' 회중을 표준적인 것으로 받아들였고 오순절 엘리트주의를 치료받았기 때문에, 갱신 운동, 부흥의 구호, 그리고 우리 시대의 교회를 개선하고 완전하게 만들려는 노력에 투여되는 엄청난 에너지를 경계하게 되었다. 엄밀히 말하면 그런 노력에 냉담했던 것은 아니다. 나는 장로교 갱신 운동 Presbyterians for Renewal 에 참여하고 지지를 보낸다. 그러나 적어도 그런 활동이 내 사역의 핵심은 아니다.

나의 이런 상황은 패러처치 운동에 대한 나의 열정이 사그라든 이유도 설명해 준다. 그들은 너무 많은 것을 배제한다. '이해하지 못하는' 사람들, 시류를 따르는 데 느린 사람들, 반골기질이 있는 사람들을 버리고 간다. 물론 그들은 많은 유익을 끼친다. 하지만 열정적이고 집중적이고 바쁜 그들이 상당히 업신여기는 보통의 회중을 배제하면 전략적 요충지를 공격할 많은 '특수부대' 무리만 남게 된다. 그러면 동네 사람들의 대다수에 해당하는 상처 입은 사람, 저는 사람, 아이들, 저성과자들은 누가 상대해야 할까?

바로 목사들이 상대해야 한다. 세상의 방식 또는 그들이 스스로를 바라보는 방식으로가 아니라, 성부, 성자, 성령의 이름으로 세례를 받은 존엄한 영혼으로 그들을 대해야 한다.

갱신과 부흥의 구호는 언제나 내가 정말 관심을 갖는 많은 사람들을 방치하는 것처럼 보인다. 그와 동시에, 그런 구호 없이는 복음을 가장 아쉬움이 없고 의욕도 없고 순종할 줄도 모르는 사람들의 역량이나 욕구 정도로 축소시켜 버릴 것 같은, 평범한 사람들의 목사가 되어 버릴 것 같은 불안이 늘 내 안에 도사리고 있다.

아무튼, 영성신학 저술의 마지막 부분에서 내가 하려는 일은 우리가 생각하는 교회의 당위적 모습이 아니라 있는 그대로의 교회, 성령의 역사가 이루어 낸 사실을 다루는 것이다. 당위적 표현은 최대한 줄이고 감사와 경이의 언어로 대체하고 싶다. 그런데 그 일이 점잖게 말해서 만만치 않구나.

이 고난주간에 너와 네 회중을 축복한다.

사랑을 담아,
너의 아빠가

열일곱 번째 편지

∞

2003년 8월 16일

에릭에게

9월 1일에 '크리스천 센추리' 연례 만찬 강연을 위해 시카고로 간다. 주최 측에 강연 제목을 알려 주었다. G. M. 홉킨스Gerard Manley Hopkins의 소네트 서두인 '물총새에 불이 붙듯'이다. 부제는 '북미의 관상적 그리스도인'이라고 붙였다. 8월 26일에 노르웨이로 떠나기 전까지 강연문 작성을 끝내려고 노력 중이다. 돌아와서는 시간이 별로 없을 테니 말이지. 요즘 내 마음속에서 점점 커지는 이미지가 있단다. 7월 중순에 네 엄마와 나, 너의 친구 몇 명이 콜버트 교회를 방문하여 네 안내로 교회를 둘러보던 그날의 장면이다.

교회 경내를 둘러보며 나는 너희 교회와 너의 리더십이 온전하고 올바르다는 느낌을 강하게 받았다. 모든 것이 정확히 들어맞고 적절했다. 복음과 함께 잘 살아 낸 그리스도인의 삶을 드러내는 것 같았단다. 너는 중심적인 것을 중심에 놓았다. 회중을 규정하는 행위인 예배, 매주 죄인과 말씀이 통합되고 성도들과 함께 계시와 임재를 기념하고 순종과 사명의 삶을 분명히 표현하는 예배를 교회의 중심으로 삼았어. 어떤 의미에서 이것은 새로운 느낌이 아니다. 네 엄마와 나는 너와 함께 예배를 드릴 때마다 이것을 느꼈고, 이 은혜롭고 영광스러운 세계 안에서 모든 것이 자연스럽고 수월하고 편안하게 다가오는 것에 매번 깜짝 놀랐다. 이번에 내게 새롭게 다가온 것은 이 모든 것이 콜버트 교회에서 참으로 **사명과 직결된** 것이 되었다는 깨달음이다(머리로는 알았지만 그 것과 실감 나는 깨달음은 다르구나). 콜버트 교회 회중의 사명은 덧붙여진 것, 추가적인 것이 아니었고, 예배의 삶과 완벽하게 이어지고 자연스럽게 어우러졌다. 채소밭, 기도정원, 부속건물, 운동장, 사회봉사활동, 아이다호의 북미 원주민 회중과의 관계. 그 어디에도 작위적이거나 남의 눈을 의식하는 면모는 없었다. 그리스도 우리 왕 교회에서 나는 이런 일에 성공한 적이 없고, 회중의 예배생활과 어우러지는 사명적 삶을 개발하지 못했다(린다가 마지막 몇 년간 성숙한 사명적 삶에서 큰 진보를 이루었던 것 같긴 하다만). 무리수를 두거나 예배와 사명을 별도의 두 일로 분리시키지 않고도 어쩌면 그렇게 잘 해냈는지 모르겠구나. 그 일이 완벽하지는 않고 결코 완벽해지지 않을 것임은 나도 안다. 하지만 그 일은 그곳에 분명히 존재하고, 멋들어진 방식으로 작용하고 있다. 그것은 대단히 온전하고 훌륭하며 '복음'답게 느껴졌다.

우리 문화에서 그런 일은 자주 볼 수 없다. 교회가 우리의 목적을 달성할 합당하고 숙련된 **수단**을 가진 경우가 흔치 않기 때문이지. 합당한 신학, 합당한 조직, 합당한 동기와 에너지는 대부분 갖추고 있다. 그러나 수단에 대해서는, 즉 계명을 어떻게 성취하고 위대한 목적들(하나님을 영화롭게 하고 영원토록 그분을 즐거워하는 것)을 어떻게 달성할지에 대해서는 예수님과 성경이 아닌 미국 문화를 참고한다. 거기서 '수단과 방법'을 가져온다. 효율성, 통계적 결과, 추진 일정, 프로그램으로 제시된 목표 같은 기준을 사용하고, 인격적·관계적 참여를 최소화하여 실행할 수 있는 추상적 계획과 원리들을 사용한다. 우리는 기업, 정치, 교육, 스포츠에서 흔히 쓰이고 아주 좋은 성과를 내는 방법들을 교회로 가져온다. 그러나 교회에서 그런 방법을 쓰면 기업, 정치, 교육, 스포츠에서 볼 수 있는 것과 아주 비슷한 모습의 교회가 생겨난다. 신비도 없고 인격적 관계도 부족하고, 서두르고 조바심 내고 이미지에 민감한 교회. 이것은 예배와 사명 사이에 연결이 거의 이루어지지 않는다는 것을 의미한다. 예배가 우리의 정체성과 이곳에 존재하는 목적을 구축하는 일이라면, 사명은 그것을 이루어 내는 방법과 많은 관련이 있다. 사명적 '어떻게'가 예배의 '누구와 무엇'과 분리되면, 사명적 삶을 지배하고 형성하는 것은 더 이상 성경과 성령이 아니게 된다. 사명은 끊임없는 전략과 홍보 계획에 의존하는 요란한 일로 변질되지. 우리 시대의 기술 확산은 이런 우리의 곤경을 악화시킨단다. 우리에게는 '어떻게'에 관한 매력적인 방안들이 너무나 많기에 그것들을 복음처럼 귀한 대의에 쓰지 않는 것은 어려운 일이다. 그런 방안들이 (삼위일체로부터 나오는) 인격적 관계를 추구하는 삶과 내가 통제할 수 없는 신비 안에서 살겠다는 의향에 과연 적절한지를 분별하지 못한다면 결국 그것들을 받아들이게 된다. 전에 네가 말했었지. 네가 맡은 교인들을 그들의 세례를 이해하는 자리로 이끌 수만 있다면 만족할 것 같다고. 네 할 일을 다 했다는 생각이 들 것 같다고. 나는 그 말이 마음에 든다. 네가 바로 그 일을 하고 있다는 증거가 쌓이고 있구나.

　'물총새에 불이 붙듯' 강의로 돌아가 보자꾸나. 나는 이 강의가 '관상적'인 것으로 전달되면 좋겠다. 7월의 그날 우리가 교회 경내를 거닐면서 지켜본 분명하고 허식 없고 자연스럽게(또는 초자연적으로) 진행된 예배(사명)가 내가 쓰고 있는 내용에 계속해서 영향을 주고 있다. 개인적으로도 집단적으로도 내면과 외면이 계속 이어지는 삶에 대해 쓰고 있거든. **무엇** 못지않게 **어떻게**에도 주의하고 주목하는 삶. 그러나 우리 미국인들은(다른 문화들에서도 이 부분에서 우리만큼 부주의한지 모르겠다) 거듭해서 바른 일을 잘못된 방식으로 하고 있다. 우리가 예수님의 삶을 살려면 예수님의 방식을 선택하여 살아야 한다. 결국, 그분은 진리와 생명이실 뿐 아니라 길이시니까.

　그리스도인 회중들과 목사들은 자신을 우리 문화의 '수단과 방법을 책임지는 주체'로 생각해야 한다고 주장하고 싶다. 잘못된 것은 우리가 하는 일이라기보다는 그 일을 하는 방식이다. 목적만큼이나 수단에 대해서도 관심을 갖고 주의하지 않으면, 우리가 하는 일은 상황을 악화시킬 뿐이다. 회중, 성경, 부활. 이 세 가지가 부적절한 수단이 자주 나타나는 분야라고 생각한다.

이 편지는 일종의 예행연습 같구나.

(여담. 네가 최근에 보낸 교회 소식지에서 언젠가 너와 논의하고 싶은 주제를 하나 발견했다. 목사인 네가 교인들의 헌금 액수를 알 수 있다는 사실 말이다. 나는 그것이 옳은지 잘 모르겠구나. 나는 교인들이 헌금을 얼마나 내는지 몰랐고 혹시 알게 된다면 그 정보를 가지고 무슨 일을 할지 알 수 없었다. 내가 주로 우려한 부분은 그 정보가 헌금을 적게 한 사람들보다는 많이 한 사람들과의 관계에 끼칠 영향이었다. 이 문제에 대해서 언젠가 이야기를 나눠 볼 수 있겠지.)

집 주위 사방에 불이 나서(전부 이곳에서 적어도 팔십 킬로미터는 떨어져 있어서 위협적이지는 않다만) 연기에 휩싸여 있다. 호수 건너편 십 킬로미터 거리에 있는 산들이 보이지가 않아. 매일 아침 신문에서 큼지막한 사진들과 무시무시한 표제들로 전해지는 이 극적인 상황 가운데 우리에게도 나름의 사건이 있었단다. 두 주 전부터 산림쥐 한 마리가 나타났다. 이 야행성 동물이 매일 아침 우리 데크와 데크의자에 똥오줌을 싸질러 놓는다. 녀석이 아주 눌러앉은 것 같아 나가서 덫을 사왔다. 미끼를 넣고 덫을 설치했지. 그날 저녁 식사시간이 늦어져서 우리가 바깥 어둠 속에 앉아 식사를 마무리하고 있는데, 네 엄마가 전매특허 같은 날카로운 비명을 질렀다. 그놈의 쥐가 네 엄마의 발가락을 문 거야. 덫에 놓인

땅콩버터보다 훨씬 선호할 만한 한입거리였지. 종말을 알리는 듯한 경고음에 그 조그마한 녀석도 어지간히 겁을 먹었던 모양인지 사나흘 밤을 나타나지 않았단다. 이틀 전에 우리는 녀석을 잡았어. 어젯밤에는 또 다른 놈을 잡았지. 이 편지를 다 쓰고 나면 놈을 호수로 데려가 익사시킨 뒤에 품위 있게 묻어 줄 생각이다.

우리는 8월 26일에 노르웨이로 떠나 두 주간 그곳에 머물 거야.

『현실, 하나님의 세계』 *Christ Plays in Ten Thousand Places* 를 아직 마치지 못했다. 30쪽 정도 남은 것 같은데 도통 써지지 않는구나. 여름은 글쓰기에 좋은 계절이 아닌 것 같다! 우리에게 필요한 것은 몇 주간의 보슬비다. 그거면 될 것 같구나. 그럼 불이 꺼지고 내 상상력이 작동하기 시작할 텐데.

사랑을 담아 에릭에게,

아빠가

열여덟 번째 편지

∞

2003년 10월 22일

에릭에게

글을 쓴 지가 오래되어도 너무 오래되었다. [함께 시간을 보내고
싶어 하는] 선의의 사람들과 여러 초청을 거절하는 일에 경계가
부족했다. 엎친 데 덮친 격으로, 이제 탈장까지 발생했다(이 얘기를
했던가?). 노르웨이로 떠날 준비를 하는데 탈이 났지 뭐니. 그동안
은 장꼬임이 없기만을 바라면서 버티다가 이제 수술날짜를 잡았
다. 다음 주 수요일, 29일이다. 나는 이 모든 일에서 세상이 불공평
하다는 걸 느낀다. 평생 몸을 움직이며 살아온 나는 탈이 날 수 있
는 부분은 거의 다 탈이 났다. 편도선, 맹장, 무릎 연골, 전립선, 두
눈 백내장, 코, 왼쪽 탈장, 그리고 이제 오른쪽 탈장까지. 그런데 조
신한 남부 여성답게 몸으로 하는 경기에는 참여하지 않고(땀 흘리
기 싫어서) 합창단에서 노래만 부른 네 엄마는 세 아이 출산으로 병

원에 간 일이 전부였지.

지난 2년 2개월 동안 우리가 어떻게 그 많은 곳을 오가는 여행을 해냈는지 모르겠구나. 노르웨이와 스웨덴에 갔다가 발이 땅에 닿기가 무섭게 시카고로 달려가 '크리스천 센추리' 강연을 했다. 그다음에는 네 엄마를 픽업해서 메인 주의 해변 오두막을 찾아 몇몇 친구들과 휴가를 보냈고 그 지역 목사들을 만났다(우리를 초대한 사람은 침례교 목사였다). 그러고 나서 펜실베이니아 주 필립스버그로 가서 트레이시 취임예배 설교를 했고, 펜실베이니아 서부로 이동해 위커크 목사 컨퍼런스에 참석했지. 네 엄마와 나는 그 컨퍼런스를 마치고 나오면서 우울했단다. 그곳의 목사들이 너무 진부하고 진지함이 없어 보였거든. 도대체 내가 여기서 무얼 하고 있는 건가 싶더구나. 목사의 일은 험하지만, 아무리 힘든 상황에서도 거기에 내재하는 위엄이 있는데 그 군중 사이에서는 그것을 찾아볼 수가 없었다. 우리는 그 어느 때보다 고립감을 느끼며 돌아왔다. 집에 도착하기가 무섭게 네 명의 목사가 찾아와 이틀간 머물면서 이야기를 나눴다. 그들이 어제 정오에 떠나고 나서 캘거리의 한 남자가 전화로 우리에게 저녁식사를 대접하고 싶다고 했다. 그는 오토바이를 타고 내려와 세 시간을 쉼 없이 이야기하다 갔다. 우리는 관상적 약속의 땅 가나안에서의 생활을 잘 꾸려가지 못하고 있다.

노르웨이 여행은 순례처럼 느껴졌다. 그곳의 여러 피오르와 산의 분위기를 느꼈고, 그 언어의 아름다운 소리는 우리 머릿속 상상의 일부로 자리 잡았다. 그 여행으로 시그리드 운세트 Sigrid Undset

의 소설에 대한 관심이 되살아났다. 그녀의 옛 동네에서 이틀을 보냈거든. 그녀는 중세 노르웨이를 다룬 방대한 역사소설 두 권을 썼다. 『라브란스가의 딸 크리스틴』*Kristin Lavransdatter*, 3부작과 『올라브 아이둔쇤』*The Master of Hestviken*, 4부작. 삼십 년 전에 읽은 책들이지.

운세트의 작품을 읽어 봤니? 그녀는 합리주의자의 가정에서 자랐고 소설을 쓰는 과정에서 (로마가톨릭으로) 개종했다. 운세트의 인생과 환경을 다시 접한 일은 시의적절했다. 처음 그녀의 소설을 읽었을 때 나는 너무 좋았다. 죄와 구원에 대한 깊은 성찰이 가득했고 성결, 거룩한 삶에 대한 예리한 관찰이 듬뿍 담겨 있었지. 그녀는 1928년 노벨문학상을 수상했고 유명해졌어. 그런데 소설 집필을 중단하고 성인들에 대해 쓰기 시작하더니 가톨릭신앙을 지지하는 선전에 나섰고, 조국을 침략하고 아들을 죽인 나치를 증오하기 시작했다. 결국에는 미국으로 건너가 뚱뚱하고 독단적이고 신랄하고 비열한 여성으로 전락해 버렸지. 그 놀라운 상상력과 그리스도에 푹 잠긴 열정을 착실하고 교훈적인 성인 이야기 및 반反나치 강연과 맞바꾸었어.

이것은 오래된 목회적 수수께끼의 전형적 사례다. 그토록 많은 것을 알고 큰 고통을 겪으며(운세트는 이혼하고 다섯 명의 자녀를 혼자 길렀는데 둘은 정신질환 또는 정신장애가 있었다. 그녀는 많은 시간을 가난하게 살아야 했다) 복음적 신앙을 온전하고 철저히 자기 것으로 삼은 듯한 사람이 어떻게 그런 결말을 맞을 수 있을까? 그러나 그런 일은 분명히 벌어진다.

어떤 때는 이 믿음의 생명, 그리스도의 나라의 생명이 너무나 강하고 적수가 없는 것처럼 보인다. 허영과 하찮은 것에 맞설 철통의 보루 같다. 그런가 하면, 운세트의 사례처럼 이 생명이 너무나 깨어지기 쉽고, 눈에 띄지 않는 미묘한 유혹에 허물어지기 쉬운 것처럼 보일 때가 있다. 우리가 아는 최고의 사람들 몇몇도 그런 유혹에 넘어져 파선 지경에 이르렀지. 나는 이 같은 일이 루터에게도 일어났다고 생각한다. 그는 한때 참으로 견고하고 상상력 넘치고 정력적이고 집중력이 뛰어난 인물이었다. 그런데 노년에는 열렬한 아첨꾼들에 둘러싸인 비만하고 오만한 노인이 되었단다. 키에르케고어는 루터가 말년에 방귀를 뀔 때마다 그것을 성령의 말씀으로 여겼다고 말한 바 있다.

요즘 내가 많이 생각하는 이 내용들을 말하다 보니, 너와 내가 종사하고 있는 이 목회사역이 얼마나 위험한 일인지 깨닫게 되는구나. 우리가 결코 벗어날 수 없는 위험이라는 것도. 위험에서 벗어났다고 생각하는 그때야말로 가장 위험한 순간일 것이다.

네 엄마가 8월의 45주년 결혼기념일에 맞춰 시 한 편을 받고 싶다고 하는구나. 내가 보여줬던가? 조금 손을 봤는데, 이제 마무리가 된 것 같다. 너도 이 시에 상당 부분 등장하니 한 부 가졌으면 한다.

우리 주님의 평화를 빌고 사랑을 전하며,
아빠가

셀라 하우스의 탄생

∞

| 우리의 45주년 결혼기념일을 축하하며 |

2003년 8월 2일

1

옛날 옛적에

우리가 서로를 처음 봤을 때

서로가 노래하는 것을 보고 들었지.

눈길이 만나고 딱 맞는 음성이 만났지.

결혼곡이 저절로 지어지고

이후 우리는 줄곧

그 노래를 불러 왔지.

가락이 맞지 않을 때도 있었지만

그래도 그 곡을 부르며 여기까지 잘 왔다네.

그리 오래되지 않은 일이지.

2

옛날 옛적에

우리는 펜실베이니아 애비뉴 300번가에 살았지.

43 바커로 이사해서는 부모와 목사가 되었다네.

새러토가 드라이브 1321번가의 집에서

죄인들의 회중과 함께했지.

하이랜드 애버뉴에서 피난처를 찾았고,

앨리슨 로드 2233번가에선 둥지를 틀었다네.

그러다 397 휴즈베이 로드를 따라가

우리가 머물고 거할 셀라 하우스를 만났지.

오래전의 일이지.

3

옛날 옛적에

성령님이 교외의 우리 카타콤에서

마흔한 개의 흙덩이에 숨을 불어넣으셨다네.

백성이 아니었던 이들이 한 백성이 되었다네.

밀드레드 리틀과 켄 세이플, 우리는 그들을

우리의 부활 성전을 떠받칠 야긴과 보아스로 고르지 않았지만

하나님은 그들을 선택하셨다네.

우리는 실망감을 삼키고

그들과 함께 교회를 시작했지. "하나님을 예배합시다."

그리 오래되지 않은 일이지.

4
옛날 옛적에
우리는 수목한계선 위로 올라가
캐나다의 바위 더미 위에서
우리의 결혼을 기념했다네.
산이라면 사족을 못 쓰던
변경 사람 버사의 이름을 붙인
고산 호숫가 근처였지.
우리가 한 몸이 되어 감을 깨닫게 해줄
쾌적한 둘만의 공간.
오래전의 일이지.

5
옛날 옛적에
우리는 월요일마다
리틀 건파우더를 따라
안식일 산책에 나섰다네.
개고마리, 물총새가 노래하는 가운데
성삼위일체의 임재 가운데 기도했다네.
수십 년이 흐르고 안식일 산책은

수크 하버, 캐타딘, 사이 등산로까지 이어졌지.
우리는 여전히 침묵 속에서 기도하네.
그리 오래되지 않은 일이지.

6

옛날 옛적에
의사들이 죽음을 찾아 우리 몸을
이리저리 찌르고 조사했네.
피를 뽑고 몸에 칼질을 하고
엑스레이로 내장을 찍고
약을 주고
우리를 기계에 연결하고
하루에 물 여섯 잔을 마시면
영원히 살 수도 있다고 말했지.
오래전의 일이지.

7

옛날 옛적에
우리 부모님들과 여자 형제 둘이 세상을 떠났다네.
셋은 동쪽에서, 셋은 서쪽에서.
우리는 슬퍼했고 감사했고 부활을 증언했네.
그들은 우리에게

'좋은 유산'을 남겨 주었지.
그 죽음들은 여전히 우리 안에 생명을 심고
우리는 경탄한다네.
우리는 풍성한 유산에 기대어 살아간다네.
그리 오래되지 않은 일이지.

8
옛날 옛적에
우리는 아침마다 새롭게 간 원두로
기도의 커피를 내렸고
성찬의 부엌을 지켰고
팟타이를 시도하여
이국적인 아시아 향으로
집안을 가득 채웠지.
평일에는 두 그릇의 오트밀을 준비하여
든든한 일상을 꾸렸다네.
오래전의 일이지.

9
옛날 옛적에
우리의 침대에서 한 아이가 만들어졌고
또 하나, 또 하나, 또 하나가 만들어졌네.

아이들은 사랑으로 이름을 얻고

성부 성자 성령의 이름으로 세례를 받았지.

이 기적의 타자들은 삼위일체의 능력으로 우리를 훈련시켰네.

받고 사랑하고

예수님의 이름으로 모든 것을 수용하는,

삼위일체적 방식으로 살아가도록.

그리 오래되지 않은 일이지.

10

옛날 옛적에

일 마일 두께의 빙하가

우리 셀라 하우스의 기반이 될

바위를 깎아 냈다네. 홍수가 내려

빛으로 채워진 이 묵상의 호수를 만들었지.

호수는 우리의 기도에 물을 주고

세례가 우리를 깨끗이 하듯 우리 몸과 영혼을 깨끗이 하네.

가끔은 불의 혀를 보고

가끔은 천사의 날갯짓 소리를 듣네.

오래전의 일이지.

열아홉 번째 편지

∞

2004년 1월 11일 · 주의 세례주일

에릭에게

W 목사님이 오늘 오전에 세례에 대해 설교했다. 그러나 나는 네가 무엇을 하고 있을지 무슨 말을 할지로 머릿속이 가득 차 있어서 설교에 온전히 집중하지 못했던 것 같다. 네가 세례에 대해 말하는 것을 들을수록, 너의 회중에게—우리의 회중 모두에게—꼭 필요한 핵심을 파악하고 있다는 생각이 강해진다. 그 내용은 우리가 [그리스도인이라는] 이름을 얻을 때 주어지는 우리 삶의 철저한 **인격적** 본질을 깨닫게 하고, 우리의 존재, 우리 정체성의 근거가 되는 신적 공동체이신 삼위일체의 이름을 부를 때 주어지는 우리 삶의 철저한 **관계적** 본질을 깨닫게 하겠지.

사람들에게 이 핵심을 말하고, 그 내용을 상기시키고, 성부와 성자와 성령의 이름으로 계속 세례를 주고, 그들을 다름 아닌 세례 받은 사람으로 한결같이 대할 사람이 목사 말고 누가 있을까? 우리 목사들 외에는 아무도 없다. 다른 사람은 이 일을 할 수 없어서가 아니라, 문화를 거스르는 이런 정체성을 키우는 일을 계속 숙고할 전략적 위치에 있는 사람이 바로 목사이기 때문이다. 세례를 베푸는 것도 우리이지만, 그들을 세례 받은 이들로, 삼위 하나님의 형상으로 창조되고 재창조된 인격적·관계적 존재로 대우할 책임도 우리에게 있다. 오늘날 우리 문화에 가장 필요한 것은 인격적·관계적 정체성을 회복할 방법을 찾고, 우리의 학교, 정부, 연예계, 금융권에 퍼져 탈인격화와 탈관계화를 부추기는 끈질기고 음험한 어둠의 세력들에 대응할 전략을 개발하는 일이 아닐까? 그리고 교회가 비인격적이고 개인주의적인 예배와 프로그램, 선교 방식을 채택한다면, 그 존재 기반을 스스로 배신하는 일이 아닐까?

너는 네 나이 때의 나보다 이 문제를 훨씬 더 철저하고 깊이 생각했다. 과거에 내가 놓쳤던 명백한 것들을 생각하면 참 의아해진다. 그러나 적어도 지금은 세례에 기반한 교정사역을 하는 너에게 기댈 수 있지. 이 점에 대해 고맙게 생각한다. **너에게 감사한다!**

오늘 예배를 마치고 네 엄마와 함께 빅 산Big Mountain으로 차를 몰고 갔단다. 뭔가 볼 게 있을까 해서 말이지. 열여덟 살 이후로 겨울철에 그리로 올라가 본 것은 처음이었다. 여름에는 서너 번 가봤지만 눈에 푹 덮이고 스키 타는 사람들이 북적일 때는 가지 않았지. 나는 빅 산에서 스키를 배웠단다. 그때는 부속 건물들이 없었고 커피와 핫초코를 파는 매점 하나, 어린이를 위한 로프 형 리프트와 성인용 T-바 리프트, 초보자용 슬로프와 일반 슬로 프 하나씩이 전부였다. 이제는 곳곳에 콘도와 화려한 집들, 의자식 리프트와 곤돌라, 상상을 뛰어넘는 스키 슬로프들이 있다. 확연한 부의 증거들이 도처에 보인다. 물론 꽉꽉 들어찬 주차장도 빠뜨릴 수 없지. 우리는 점심식사를 할 만한 작은 식당에서 수프 한 그릇 씩 먹고 그곳을 떠났다. 혼잡한 쇼핑몰에 있다 나온 것 같더구나.

집으로 차를 몰고 오면서 오십 년 전의 내게 중요한 의미가 있던 그곳의 분위기와 문화가 지금은 엄청나게 달라졌다는 데 충 격을 받았다. 그리고 의문이 들었다. 내가 이 변화의 중요성을 제 대로 이해하고 있을까. 너무나 달라진 이런 환경 속에서 사람들이 경험하는 바를 제대로 감지하고 있을까. 거룩한 삶을 살도록 그 들을 이끌어 줄 책을 쓸 만한 자격이 있을까? 이상하게도, 지금의 문화에서 예수님을 따르는 데 필요한 것에 대해 쓸 능력이 내게 없다는 느낌이 어느 때보다 강하게 밀려오는구나. 그러나 더 이상 하게도, 계속해서 쓰고 싶다는 충동과 에너지를 느낀다. 나는 여 전히 글을 쓸 때 가장 목사답게 느껴진다. 이것이 내가 글을 쓰는 이유인 것 같다. 하지만 지금 글을 쓰고 있는 목사가 오십 년 전 빅 산의 조건에 갇혀 있지 않기를 바란다.

여기 목회자로서 하는 생각이 하나 더 있다. 요즘 네 엄마가 최근 암에 걸린 한 성도와 많은 시간을 보내고 있단다. 그녀는 한 쪽 고관절 치환술을 받은 뒤 회복을 위해 한 주에 세 번 물리치료를 받고 있고, 정기적인 화학치료도 받고 있지. 네 엄마만 돕는 것은 아니지만, 네 엄마가 그녀와 가장 인격적이고 서로를 위해 기도하는 관계를 맺고 있을 거야. 난 그 여성을 도울 수 없지만, 네 엄마가 그녀를 도울 때 옆에서 심오한 기쁨 같은 것을 경험한단다. 대리로 목회를 하고 있는 셈이지. 이 느낌이 너무나 강렬하고, 네 엄마를 통해 여전히 현장에서 목사로 일한다는 것이 아주 의미 있게 다가와서 놀라고 있다. 나는 너와 관련해서도 비슷한 느낌을 받는 것 같구나. 이제 가끔 조금씩밖에는 목회 일을 할 수 없다는 걸 알아. 더 많이 하고 싶지도 않고. 하지만 네가 하는 일과 네 엄마가 지난 두 주 동안 해온 일에 이렇듯 큰 기쁨을 느끼는 것을 보면, 내가 의식하는 것보다 목사 일을 더 그리워하고 있는 게 분명하다.

우리 주님의 평화를 빌며,
아빠가

스무 번째 편지

∞

2004년 2월 6일

에릭에게

하와이에서 집에 돌아온 것을 환영한다! 그동안의 일이 듣고 싶어 귀가 근질근질하구나.

네가 쓴 몇 가지에 대해 짧게 언급하마.

너의 세례 설교를 다룬 소식지 내용. 너는 그 이야기를 잘 전달했다. 잘한 것 이상이었어! 이야기꾼 무리의 정식회원이 되었구나.

너의 '유두고 보고'. 이건 정말 멋진 포맷이구나. 네 회중의 지성(마음)에 정보와 이미지를 불어넣을 창의적 방법이야. 계속 써나가렴.

그리고 린이 예배 지도부에서 내려오는 일에 대해 교인들에게 보낸 편지. 너는 상황을 매우 잘 표현했고 네 결혼생활과 공동사역의 본질을 많은 부분 전달했다. 그 편지가 정말 마음에 들더구나. 개인적으로도 목회적으로도.

네 엄마와 나는 보통 네가 보내오는 이런 글을 소리 내어 읽고 뿌듯함을 느낀단다. 이것은 교만의 죄와는 다르잖니!

사랑을 담아,
아빠가

스물한 번째 편지

∞

2004년 5월 31일

에릭에게

어제는 오순절, 오늘은 전몰장병추모일이다. 교회의 절기와 세상의 기념일이 멋지게 나란히 놓였구나. 어제 우리는 예배를 드렸고 오늘은 허드렛일을 좀 하고 빈둥거리며 책을 읽고 있다. 우리에게 드문, 목적도 두서도 없는 날이다. 우리는 후크시아를 포함한 꽃바구니들을 차고에서 가져와 여기저기 매달기 시작했지만, 지금은 전부 도로 갖다 넣었단다. 날씨가 차고 호수 쪽에서 강한 바람이 불어오고 있어서 위험을 감수하지 않는 편이 낫겠다고 판단했지. 그래서 지금 나는 거실에서 두 다리 쭉 뻗고 무릎 위에 노트북을 놓고 네게 편지를 쓰고 있다. 그동안 쌓인 내용을 파악하려고 지금까지 쓴 에릭-디모데 서신을 전부 훑어보았단다. 첫 번째 편지를 쓴 날은 1999년 성탄절이었지. 지금 이 편지는 목사가 되는 것에 대해 반년 동안 성찰한 스물한 번째 편지다. 목사인 너와 관련된 내용이면서 내게 유익한 일이었다. 제안을 해줘서 고맙구나.

전반적으로 나는 목사의 일이 참으로 큰 특권이라는 생각이 든다. 물론 모든 일에는 나름의 영광과 독특함이 있지. 그러나 목사의 소명은 지역적인 것, 인격적인 것, 관계적인 것, 성경적인 것, 영적인 것에 푹 잠겨 있고, 세부 내용과 아름다움이 너무나 풍성하고, 다양성과 흥미진진함으로 생동감이 넘친다. 그러면서도 매우 위험하기도 해서 경각심과 경계가 필요하지. 하지만 수많은 우리 동료들은 이런 경험을 전혀 못 한다는 것도 깨닫는다. 그들이 경험하는 목회사역은 막다른 길의 연속이지. 이것을 어떻게 설명해야 할지 모르겠구나.

두 명의 손님이 하룻밤을 묵고 막 떠났다. 이십 년 만에 본 오랜 친구들이었단다. 그들은 새로운 일터를 찾아 시애틀로 가는 길이었다. 그들이 결정해야 하는 것 중 하나는 새로운 교회를 정하는 문제였다. 내가 퀸 앤 힐의 베다니 교회를 제안했더니 그들이 이렇게 대답하더구나. "안 돼요. 큰 교회여야 해요. 우리는 큰 교회가 필요해요." 나는 아무 말도 하지 않았지만, 그들이 교회의 가장 특징적이고 독특한 점인 지역적이고 인격적이고 관계적인 요소를 걸러내고 배제하고 있다는 느낌이 들었다. 그들이 그 대신 선택한 것은 비인격적이고 균질화한 단조로움, 공연 같은 예배, 일반화된 복음, 만병통치식 설교와 프로그램이었다. 그들이 선택한 회중은 자신들이 원하는 사람만 골라 친구로 삼고 그 외의 다른 사람들은 쉽사리 피할 수 있겠지. 그러나 그들을 알고 그들이 아는 목사는 아마 절대 갖지 못할 것이다.

　네 엄마와 나는 친구가 보내 준 새로운 소설을 읽고 있다(저녁마다 소리 내어). 제프 베리먼의 『루인 떠나기』*다. 소도시 루인의 복음주의 텍사스 목사에 대한 첫 번째 소설이다. 작가는 목사가 아니지만 목사와 회중생활을 속속들이 알고 있는 것이 분명해. 게다가 아주 잘 썼단다. 사역하던 교회에서 구 년 만에 쫓겨나는 이야기니 어떤 의미에서는 행복한 이야기가 아니지만, 이 소설을 읽으면서 내가 목사로 살아온 것을 큰 행운으로 느꼈던 이유를 깨닫게 되었다. 목사의 삶은 거의 모든 면면에 크나큰 의미가 내재되어 있고, 목사의 삶을 포함한 모든 삶에 너무나 많은 것들의 성패가 달려 있음을 이 소설이 드러내 주었어. 많은 추함과 비열함이 있지만, 놀라운 은혜와 예상치 못한 아름다움도 있지. 교회와 목사에 관한 소설들은 언제나 내게 목사의 일에 들어 있는 복잡성에 주목하고 그것을 인식하는 길이 되었고, 목사의 소명 안에 있는 본질적 존엄성을 확증해 주었다. 이것이 중요한 이유는 목사가 종종 고정관념과 무시의 대상이 되기 때문이야. 목사는 경제에 기여하는 존재로 잘 여겨지지 않아서 그렇다. 이 소설과 어깨를 나란히 할 만한 작품으로는 조르주 베르나노스Georges Bernanos의 『어느 시골 신부의 일기』, 그레이엄 그린Graham Green의 『권력과 영광』

---

　　*　Jeff Berryman, *Leaving Ruin: A Novel*(Orange, CA: New Leaf, 2002).

The Power and the Glory, 에드윈 오코너 Edwin O'Connor 의 『슬픔의 가장자리』
The Edge of Sadness, 해럴드 프레드릭 Harold Frederic 의 『세론 웨어의 파멸』*The Damnation of theron Ware*, 도스토옙스키의 『카라마조프가의 형제들』이 있
다. 이것들 말고도 많은 작품들이 있지. 목사로 살아 본 적이 없는
작가들이 상상력을 통해 목사의 삶을 그토록 많이 알 수 있고 정
확하게 표현할 수 있다는 것이 늘 놀랍다. 회중과 그들의 목사들
안에 있는 갖가지 미묘한 죄와 거룩함을 이해하다니. 지금 돌이켜
생각해 보니, 소설이야말로 내가 목회의 소명에서 나타나는 고유
한 특성들에 대한 통찰력을 얻게 해준 주된 원천이었던 것 같구나.

마일스와 카렌이 폴슨 교회에서 물러나면서 네 엄마와 나는
그곳에서 계속 흘러나오던 멋진 세례 이야기들을 더 이상 못 듣
게 되었다. 참 아쉽구나. 대체로 유아 때 세례를 주는 루터파와 장
로교에서는 그만한 이야기가 나오지 않지. 그러나 몇 주 전에 아
이즈볼드에서 명예롭게 언급할 만한 세례 이야기가 하나 탄생했
단다. 네 가족이 아이들에게 세례를 받게 하려고 모였다. 그중에
내가 아는 사람은 없었는데, 부모들이 한 형제자매처럼 보였어.
한 엄마는 남편 없이 혼자였지. 아이들은 모두 두 살 정도 되었고
아빠나 엄마 품에 안겨 있었다. 그런데 엄마뿐인 집의 아이가 하
도 꼼지락대서 결국 엄마가 아이를 내려놓았어. 아이는 엄마 곁을
벗어나 강단 뒤쪽을 탐구하다가 성찬대 난간으로 올라갔다. 아이
에게 그곳은 분명 완전히 새로운 세계였을 거야. 아이는 거기 있
는 모든 것을 일일이 확인했지. 세례를 받을 시간이 다가오자 아

이는 회중이 있는 곳으로 내려갔고, 아이 엄마는 아이에게 올라오라고 손짓했다. 그러자 아이는 방향감각을 잃고 자기가 어디에 있고 무슨 일이 일어나고 있는지 어리둥절해하더구나. 그리고 성단소 계단을 오르면서 초조하게 바지를 잡아당기면서 아래로 끌어내리더구나. 이윽고 성단소에 다 오른 아이는 몸을 기울이고 회중에게 엉덩이를 까보였다!

세례 이야기의 우물은 아직 마르지 않은 것 같구나.

사랑을 담아,

아빠가

스물두 번째 편지

∞

2005년 1월 24일

에릭에게

지난주 집에 도착한 이후 어느비가 매일 내려 도로에 피해가 발생하고 눈이 녹고 호수의 얼음이 깨어졌다. 겨울에 즐기던 놀라운 아름다움이 다 사라지고 진흙 웅덩이들만 남았지. 두 주 전만 해도 나는 겨울을 제대로 만끽할 수 있는 이 시기에 하와이로 휴가를 떠날 계획을 세운 것을 후회하고 있었단다. 그런데 지금 눈앞에 펼쳐진 풍경을 보니, 하와이가 썩 괜찮게 느껴지는구나. 우리는 월요일에 떠난다.

우리는 너와 네 아이들과 함께 지낸 시간이 아주 좋았다. 너의 강단에 선 일은 내게 특별히 좋은 시간이었지. 전에 너는 내가 너희 교회에서 설교한 횟수가 너무 적어서 깜짝 놀랐다고 말했는데, 나는 그것이 옳았다고 생각한다. 네 엄마와 나는 중요한 행사가 있을 때 너희 교회를 방문하는 일이 큰 특권이라고 느낀단다. 하지만 나는 특별손님이 아니라 가족 중 한 사람으로 그 자리에 있다고 항상 생각한다. 그러니 설교 횟수가 적었던 것은 고마운 일이지. 내가 유명인사로 대접받지 않은 것 같다는 너의 추측이 맞다. 나는 너의 아빠일 뿐이잖니. 나는 그것이 전적으로 합당하다고 본다.

타이밍도 중요했지. 너도 알다시피, 나는 영적 리더십을 다룬 세 번째 영성 책 『리더를 따르라』를 한창 쓰고 있다.* 너의 회중과 함께 예배한 것은 신선한 공기를 호흡한 일이었다. 예배당 안에서 모든 것이 아주 **건강해** 보였단다. 분위기, 미학, 음악, 건축, 사람들, 그 모든 것이 말이다. 그곳을 떠나면서 나는 이런 모습이 요즘 미국에서 얼마나 드문지, 목사들의 사기가 얼마나 꺾였는지(내가 받은 편지들로 판단할 때), 회중들이 '효율성'과 '현실 적합성'에 전전긍긍하다 얼마나 왜소해졌는지 깨닫게 되었다.

아무튼 다시 책 이야기로 돌아가면, 나는 너희 교회 예배당에서 건강하고 성숙한 회중과 건강하고 성숙한 예배 안에 푹 잠기는 경험을 한 덕분에, 이런 일이 매우 드물지만 우리가 이미 받은 것에 주목하기만 하면 이것을 얼마든지 누릴 수 있음을 깊이 확신하면서 책상에 다시 앉을 수 있었다.

이 책의 기본 구조는 예수님의 리더십을 헤롯, 가야바, 요세푸스의 리더십과 대조하고, 더 나아가 바리새파, 에세네파, 열심

---

* 이 책은 결국 『그 길을 걸으라』 *The Jesus Way* 라는 제목으로 출간되었다.

당과 대조하는 것이다. 이 부분은 내가 전에 리젠트에서 했던 강연 내용을 기본으로 한다. 그러나 책을 쓰기 시작하니, 대비되는 리더십을 다루기에 앞서 예수님의 길 곧 예수님의 리더십 방식을 좀 더 충실하게 다룰 필요가 있다는 생각이 들었다. 그래서 여섯 가지 '길', 즉 미국의 정치, 기업, 교회에서는 기본적으로 무시되거나 거부되지만 함께 모여 어느 정도 예수님의 길을 구성하는 리더십 방식들을 골라 보았다. 모리아 산을 오르는 아브라함, 모압 평지에 있는 모세, 엔게디의 동굴에 있는 다윗, 그릿 시냇가의 엘리야, 그루터기 벌판에 있는 예루살렘의 이사야, 바벨론 물가에 있는 유배 시절의 이사야. 이들이 모여 책의 전반부를 이룰 텐데, 150쪽 정도 될 것 같구나.

아브라함은 생각했던 것보다 더 어려웠다. 안내를 좀 받아 볼까 해서 너에게 키에르케고어 책을 보내 달라고 했잖니. S. K.*는 여러 해 전에 내게 큰 의미가 있었고,『공포와 전율』을 처음 읽었을 때는 그것이 아브라함과 이삭에 대한 결정적 해석이라고 생각했단다. 그러나 네가 보내 준『공포와 전율』을 받고 나서(그냥 훑어볼 생각이었는데 그럴 수 없더구나) 이 책을 다시 생각하게 되었다. 예전에 내가 S. K.에게서 받은 인상은, 그가 아브라함(모리아 산) 이야기에 깊고 길게 몰두하여 지금 우리 교계와 상당히 비슷한 당대의 교계가 믿음의 급진적 의미를 되찾게 했다는 것이었다.

•   S. K.: 쇠렌 키에르케고어 Søren Kierkegaard.

거기까지는 좋았다.

그러나 지금 보니 S. K.가 이 책을 집필한 때가(적어도 출판했을 때가) 서른 살이었다는 것이 눈에 들어온다. 그로부터 이 년 전, 그는 레기네와의 약혼을 파기했다. 내가 볼 때 그는 강박적으로 글을 써서 자신을 모리아 산 이야기에 대입한 것 같다. 레기네는 이삭의 자리에, 자신은 아브라함의 자리에 둔 것이지. 지금 그에 대해 내가 받는 인상은 이렇다. 복음의 본질적 급진성을 되찾는 데키에르케고어가 아무리 중요하다고 해도—나는 분명히 그가 중요하다고 생각한다—그가 정서적으로 썩 건강한 인물은 아니었다는 것, 그리고 특히 레기네와의 문제에서 완전히 신경증 환자로 보인다는 것이다. 『공포와 전율』은 신경증으로 촉발된 성경해석 같다. 모리아 산의 아브라함에 대해 여섯 주에 걸쳐 18쪽을 쓴 뒤, 나는 S. K.를 적어도 이 주제에 대해서는 신뢰하지 않는다는 결론을 내렸다. 레기네와 관련된 내용이 너무 많이 섞여들었어.

이 부분에서 너와 네 회중이 의미 있게 느껴진다. 믿음의 삶에 대한 S. K.의 눈부시지만 신경증적인(내게는 그렇게 보이는구나) 접근법을 헤치며 길을 찾으려 몇 주 동안 애쓰고 나니, 콜버트 교회(그리고 그 담임목사!)의 건강한 모습이 기쁨과 온전함이라는 반가운 느낌으로 다가온다.

내가 S. K. 같은 사람들 없이 해낼 수 있다고 생각하지는 않는다. 그는 이 복음의 생명을 결코 가볍게 여길 수 없게 만들지. 이 부분에 대해서 나는 그에게 결코 갚을 수 없는 신세를 졌단다.

그러나 이제 나는 그가 이 외의 다른 일도 하고 있다는 의심이 드는구나. 믿음을 지나치게 극적인 것으로 만들고, 믿음과 자신을 멜로드라마의 소재로 만드는 것이지. 나는 그런 상태를 견딜 수 없고, 내 목회의 대상인 사람들, 내가 독자로 상정하고 글을 쓰는 사람들도 마찬가지다. 미국의 종교에 퍼져 있는 끔찍한 어리석음을 해결하려면 S. K.보다 더 건강하고 **거룩한** 대안이 있어야 한다.

내가 믿음의 삶에 대한 너의 증언과 논평을 신뢰하고 S. K.를 신뢰하지 않는 이유를 아니? 너는 목사이고 고통받는 사람들과 함께 참호에서 생활하고, 기도로 뒷받침된 참을성 있는 조언을 하고, 예수님의 임재를 항상 붙들고, 성경에 진실하게 머물려고 노력하고, 가끔씩 믿음을 향해 달려가지만 계속 의심에 시달리는 사람들과 함께 예배를 드리기 때문이다. 그에 반해 S. K.는 자신을 모든 사람과 분리시켰고 자신을 신학적으로 끝없이 과장했다. 아브라함을 다룬 창세기 본문(22장)의 모든 문장은 사실 그 안에서 벌어지는 모든 일에 대해 말을 아낀다. 히스테리 발작도, 드라마도, 어떤 극단적인 요소도 없다. 그저 담담하게 진술할 뿐이지. 우리는 이야기 속으로 들어가 심리학적 고찰을 시도하느라 공포와 심연―S. K.의 '부조리'―을 상상하지만, 성경본문은 그렇게 하지 않는다. 아무튼 나는 이 믿음의 일에서 S. K.를 멘토보다는 조역으로 썼다.

이번 주의 나머지 시간에는 하와이 여행을 준비해야 할 것 같구나. 준비라고 해봐야 입을 것과 읽을거리를 제대로 챙기는 정도인데, (내가 할 일은) 이곳 생활을 마음에 꼭 들게 만들어 주는 일과(그리고 컴퓨터!)를 멈추는 것이지. 길을 가다 수풀에 걸린 숫양을 보게 될지도 모르겠다. 보지 못할 지도 모르지.

우리 주님의 평화를 빌고 사랑을 전하며,

아빠가

스물세 번째 편지

∞

2005년 5월 14일 • 오순절 전야

에릭에게

내일은 오순절이다. 지금 나는 너에 대해 생각하고, 너를 위해 기도하다 너의 강단에 서는 상상을 한다. 대부분의 주일에는 설교와 성례를 비롯한 목사의 일들을 그리워하지 않는다. 그러나 오순절 주일을 포함한 몇몇 예외가 있는데, 그런 날이면 일종의 향수 같은 아픔을 느낀단다. "오, 다시 거기 그 자리에 있으면 좋겠다." 오순절 주일에 어떤 특별한 요소가 있는지 모르겠다. 나는 오순절교인으로 자랐고 나중에 오순절교회에서 오순절을 통째로 잘못 이해했다고 생각하게 되었지. 그 사건의 본질에서부터 하나님 백성의 모든 평범한 모임과의 깊은 연속성까지 말이다. 이후 나의 회중과 함께 그 연속성을 기뻐하고 그에 대해 설교할 수 있어서 얼마나 기뻤던지. 어쩌면 이것이 내가 오순절에 향수를 느끼는 이유일지도 모르겠다. 가끔 오순절 주일에 일찍 일어나 스포캔으로 차를 몰고 가서 설교 가운을 걸치고 너의 서재에 앉아 설교 준비를 하는 상상을 한단다. 서재에 들어왔다가 나를 보고 깜짝 놀라는 너를 향해 나는 이렇게 말한다. "미안하구나, 에릭. 오늘 설교는 내가 하마. 신도석에 가서 앉아라." 그리고 너는 그 말대로 하지.

우리는 수요일부터 일주일 정도 집을 떠나 있을 거다. 시애틀로 가서 리젠트 칼리지 행사를 위한 저녁 모임에 참석한다. 그다음에는 밴쿠버로 가서 리젠트와 관련된 또 다른 모임에 참석한다 (리젠트의 새로운 도서관 건립을 위한 수백만 달러 모금캠페인과 관련된 모임이다. 믿어질지 모르겠다만, 네 엄마와 내가 '명예회장'이란다). 그다음에는 토요일에 두 차례 '죽음 연습'(모리아 산의 아브라함―희생으로 규정된 믿음의 길의 세부 내용 탐구)과 '부활 연습'(부활절 새벽예배와 다음번 부활절 새벽예배 사이에 부활이 나타나는 평범한 상황들을 밝힘)이라는 제목으로 강연을 한다. 나는 원래 이것을 '목적이 이끄는 80일'로 구상했다. 아브라함과 함께하는 40일의 죽음(사순절)과 예수님과 함께하는 40일의 부활(부활절). 나는 새들백 교회 사람들에게 내 뜻을 관철시킬 수 있을 거라 생각했는데, 홍보 및 재정 조언자들은 내게 이미 결정이 났다고 말하는구나.

우리는 리젠트에 들락날락하게 될 것 같다. 리젠트의 공간과 공동체를 참 귀하게 생각하지만, 그런 장소에서 시간을 보내는 일은 내 영혼에 좋지 않단다. 우리는 크레이그와 줄리 게이 부부 집에서 하룻밤을 묵은 다음, 서둘러 밴쿠버 아일랜드의 수크 하버로 가서 이틀을 지내고, 돌아오는 길에 아나코테스 페리를 탈 예정이다. 수요일에 페루자에서 카렌과 데이브를 만나 생일축하 저녁식사를 한 다음(카렌의 생일은 목요일이다) 목요일에 집에 도착할 것 같다.

지난 몇 주 동안 마르틴 부버를 다시 읽고 있다. 여러 해에 걸쳐 그를 통해 아주 많은 것을 배웠는데, 가끔씩 복습이 필요하다. 어떤 면에서는 이상한 느낌이 든다. 마르틴 부버는 유대인인데 그의 책을 읽고 있으면 그리스도 안의 형제로, 줄곧 공감이 가는 대화를 나눠 온 친구로 느껴져서 말이다. 그의 신선한 부분은 복음주의 그리스도인처럼 글을 쓰면서도 복음주의 특유의 상투어나 은어를 사용하지 않는다는 것이다. 그래서 나에게 그는 너와 같은 대화 상대란다. 가시를 골라낼 필요 없이 매 쪽마다 영양분을 얻고 있다. 내가 지금 열심히 읽고 있는 책은 그의 오래된 에세이집 『이스라엘과 세계』*이다.

그리고 또 다른 책이 있다. 애니 프루의 『시핑 뉴스』**를 방문객이 두고 갔는데, 십 년 전에 퓰리처상과 전미도서상을 받은 책이더구나.*** 리프는 이 책이 마음에 들지 않는다고 했어. 그러나 네 엄마와 나는 분위기만 느껴 보려고 어느 날 저녁에 읽기 시작

- Martin Buber, *Israel and the World: Essays in a Time of Crisis*(Syracuse, NY: Syracuse University Press, 1997).
- Annie Proulx, *The Shipping News: A Novel*(New York: Scribner, 1994); 『시핑 뉴스』, 민승남 역(파주: 문학동네, 2019).
- 이 책은 1993년에 전미도서상을, 1994년에 퓰리처상을 수상했다.

했지. 끔찍하더구나. 부패와 추악함이 가득했어. 하지만 우리는 50쪽까지는 읽어 보기로 했지. 그러기를 잘했다 싶다. 도덕적 혼란과 영적 심연 위로 비둘기가 운행하기 시작했고, 페이지를 넘길 때마다 "…이 있으라"는 목소리로 새 날이 열리는 것 같았거든. 이제 거의 다 읽었는데, 특이한 은혜를 수단으로 길을 찾고 있는 등장인물들을 여러 명 만났다. 거듭난 신자임을 보란 듯이 드러내지 않는 작가들이 구별된 우리 목사들의 정체성을 긍정하고 설명해 주는 경우가 많다는 것은 정말 큰 아이러니 아니니?

읽고 있는 책이 또 한 권 있는데, 마릴린 로빈슨의 『길리아드』**** 이야기를 했던가? 이 책은 기독교적인 색채가 분명하게 드러난다. 죽어 가는 노령의 목사가 일곱 살 아들에게 보내는 책 한 권 분량의 긴 편지다. 평생을 아이오와의 소도시 길리아드의 작은 교회 목사로 살았던 그는 자신이 곧 죽으리라는 것을 알고, 아들에게 아버지가 누구인지 그리고 누구였는지 알려 주고자 하지. 그래서 아들이 장성하면 읽게 될 내용을 편지에 적는다. 목사의 삶, 즉 아름다움과 고통과 구원이 풍성하고, 가식 없고 절대적으로 정직한 이 외딴 삶에 대해 들려주는데, 엉뚱한 소리는 하나도 찾을 수 없구나. 이 책이 일반 언론에서 찬사를 받은 것은 일종의 기적이다. 어쩌면 뉴욕의 이교도 출판사들과 서평자들이 적대시하거나 무시하는 것은 기독교 신앙이 아니라 조잡함과 천박함일지도

•••• Marilynne Robinson, *Gilead*(London: Picador, 2006); 『길리아드』, 공경희 역 (파주: 마로니에북스, 2013).

모른다.

책 이야기를 하던 중이니 이제부터 할 이야기도 영 엉뚱한 소리는 아니겠구나. 너도 알다시피, 리프의 소설 『캐서린 휠스』* 가 9월에 워터브룩 출판사에서 나올 예정이다. 리프는 이 책을 칠 년 동안 썼다(수고스럽게 천천히 축적되는 세부 사항에 몰두한다는 점에서 목사의 일에 비길 만한 일은 소설 집필뿐이라고 나는 확신한다). 출판사에서 추천사를 부탁해서 기꺼이 썼다. 리프의 친구들 말고는 우리가 부자지간인 걸 아무도 몰랐으면 한다. 출판사에 너에게도 추천사를 요청하라고 말해야 할지도 모르겠구나. 우리 가족이 동원할 수 있는 목회적 지원을 모두 끌어모으는 거야! 나는 추천사에 이렇게 썼다.

> 내가 읽은 좋은 소설가들의 작품은 거룩함, 구원, 소망, 신뢰, 기적, 성도 같은 위대한 단어들이 구체성을 띠고 살아나게 해준다. 추상적이지 않으면서 교회 냄새 나지 않게 말이다. 리프 피터슨의 『캐서린 휠스』는 이 작업을 설득력 있게 해낸다. 삶을 포기했던 남녀들이 성녀의 이름을 받은 아홉 살배기에게 이끌려 하나씩 생명을 되찾는데, 각각의 경우가 지금 당장 당신의 동네에서도 벌어질 수 있고 벌어지고 있다고 믿을 만한 그리스도의 부활 사건이다.

---

*   Leif Peterson, *Catherine Wheels*(Colorado Springs, CO: Waterbrook, 2005).

요즘의 목사노릇, 예배와 교회의 상태에 대해 욕하기는 쉽다. 나는 혀를 함부로 놀리지 않으려고 조심한다. 그러나 가끔, 신중해야 한다는 부담을 덜어 주는 누군가가 이곳에 나타난다. 그런 사람이 성숙한 모습으로 향기로운 내음을 풍기며 이곳에 오면, 나는 목사들의 무리에 속해 있다는 사실을 당당하고 거침없이 기뻐하게 된다. 지난주에 오스카가 여기서 이틀을 묵었다. 내가 그를 알고 지낸 지가 이십 년이다. 그는 늘 이곳 몬태나의 작은 침례교회들에서 목회했지만 지금은 오하이오에 있다. 재능 있는 설교자이자 목사이지만 '성공의 사다리를 오르지' 않기로 의도적으로 결정한 사람이지. 그에게 목사로 사는 일은 결코 쉽지 않았다. 조울증 환자이고 심각한 자살충동을 자주 느낀다(하지만 그는 자신의 내면 상태를 아주 잘 가리는 가면을 능숙하게 쓰지). 부족한 수입을 쪼개 세 아이를 대학에 보냈고, 이 년 전에는 미혼의 딸이 낳은 손주를 입양 보냈다. 사랑스러운 그의 아내는 자가면역질환을 앓고 있다. 이 정도면 너도 상황파악이 되겠지. 그는 재능을 타고났지만 내외적으로 어려운 상황에서 훈련을 받았다. 지난주에 그와 이틀을 보낸 일은 큰 즐거움이었다. 내가 알고 있는 진정으로 **건강한** 목사 중 하나인 그를 안다는 사실이 참 기쁘다. 목사인 그는 회중에게 존엄성을 부여하는 존재이고, 소설가의 애정으로 각 사람을 대하며, 세부 내용을 음미하고 독특성에 맞게 기도한다. 그는 지금 설교에 대한 본회퍼의 생각에 매료되어 있다. 그에 따르면, 본회퍼는 신학교 학생들에게 그들이 설교할 때는 그것이 썩 좋은 설교가 아니라 해도 예수님이 예배당 복도를 오르내리시며 사람들을 치유하시고 위로하시고 구원하신다고 자주 말했고(나는 처음 듣는 이야기였다), 그 말의 의미는 문자 그대로였다. 그가 떠난 뒤, 나는 이전에 이름 붙이지 못했던 무언가를 깨달았다. 우리가 아는 많은 목사들은 자신의 일에서 심각한 불안감을 느끼고 수많은 못난 방식들로 그것을 메우려 하지만, 오스카는 목회 일을 하면서 **있는 모습 그대로**의 자신에게 더없이 편안함을 느낀다는 사실이다.

그가 떠나고 며칠 동안 다음의 성경구절이 머릿속에서 떠나지 않았다. "내가 이스라엘 가운데 바알에게 무릎을 꿇지 아니한 칠천 명을 남기리라." 그리고 우리는 그중 일부를 아는 큰 행운을 얻었다. 대단하지 않니?

네 엄마와 나는 네 안식년을 생각하고 상상하고 위해서 기도하고 있다. 안식년은 지금의 너에게 너무나 필요하단다.

우리 주님의 평화를 빌며,
아빠

• 아버지는 여기서 열왕기상 19:18과 로마서 11:4을 암시하고 있다.

스물네 번째 편지

∞

2005년 10월 15일 · 오순절 후 스물한 번째 주

에릭에게

네 엄마와 나는 네가 안식년 지원금을 받았다는 소식에 여전히 들 떠 있다. 우리는 네가 계속해서 누적된 피로를 느끼는 것을 예민하 게 감지하면서 기도하고 있다. 내가 전환기에 있는 너의 목회생활, 가정생활, 그 외 다른 생활에 대해 기도하는 정도만큼 다른 누군가 를 위해 끊임없이 기도한 적이 있었는지 모르겠구나.

그리스도 우리 왕 교회 시절을 돌이켜 보면, 사십대 중반이 되자 취약함이 느껴지기 시작했다. 뭐라고 불러야 할지는 잘 모르 겠다만, 위험에 빠진 것 같은 느낌이었지. 그 무렵, 회중은 상당히 잘 확립된 상태였다. 나는 두 권의 책을 출간했고(『한 길 가는 순례 자』와 『목회의 기초』) 그로 인한 흥분은 가라앉았다. 하나의 도전, 정해진 과제, 실패하지 않겠다는 강한 결심을 안고 십이 년 정도

달려온 시점이었지. 또한 목사가 되는 법을 배우고 있었고, 사실상 아무것도 몰랐던 상태에서 목사가 되는 일의 윤곽과 거기 담긴 여러 차원 정도는 알게 되었다. 부모노릇에도 익숙해지고 있었는데, 아버지로 존재하는 기적은 더 이상 끊임없는 놀라움은 아니었다. 따분해졌다고 말할 수는 없겠지만, 안정이 되었고 전처럼 강력한 에너지가 일어나지 않았지. 그때를 생각하면 지금 떠오르는 단어는 '권태기'다. 새롭게 도전할 일을 만들고 새로운 영역으로 뛰어들고 싶은 유혹이 있었지. 당시의 나는 그것이 유혹임을 알아봤던 것 같다. 그런 식의 대처는 나의 소명의 일부가 아니고, 내게 주어진 삶과 아무 상관이 없으며, 그 삶을 약화시키거나 방해하기만 할 것임을 알았던 거야.

하지만 그때 나는 지금의 너와 달리 그 문제에 대한 조치를 취하는 일에 통찰력을 갖지 못했다. 어찌하다 보니 그럭저럭 헤쳐나간 것 같다. 나는 콘스탄스 수녀를 영적 지도자로 모셨는데, 그분 덕분에 내 상태를 정기적으로 명료하게 파악할 수 있었고 거기에는 성령의 표지가 있었다. 나는 한 장로(테드 켈리라는 홉킨스의 의사 기억하니?)의 격려에 힘입어 매년 여름에 두 달 정도를 떠나 있기로 했다. 휴가 한 달에 집필 휴가 한 달. 일 년에 두 달을 몬태나에서! 그것은 의미심장한 일이었다. 나는 지나치게 열심히 일하던 것을 멈추었다. 지난달 글레이셔 캠프의 스프루스 랏지에서 일군의 장로교 목사들과 며칠을 함께 보냈는데, 그중 한 사람이 내가 지금 그들(모두 초임 목사들이었다) 나이라면 과거와 무엇을 다르게 하겠느냐고 물었다. 내 입에서는 바로 이런 대답이 튀어나왔다. "절반만 일하겠습니다." 미리 생각해 둔 바가 있었다면 그렇게 말하지 않았겠지만, 나는 그 말이 사실이라고 생각한다. 내가 했던 일 중 아주 많은 부분이 무슨 일을 해야 할지 몰라서 한 일이었고, 아무것도 하지 않고 가만히 있다가 무능해 보이고 싶지 않아서 한 일이었기 때문이다.

기력을 앗아 가는 피로를 다루는 일에서도 너는 나보다 훨씬 더 사려 깊고 지혜로운 것 같다. 새로운 영적 지도자를 모시고, 휘트워스 도서관이라는 안전한 동굴에서 목요설교 시간을 갖고, 주일설교를 매달 세 차례로 축소하고, 린지와 지난겨울 카약을 만들고, 최근의 낚시 여행처럼 기회가 생기면 기꺼이 '벗어날' 마음자세를 갖추었지. 릴리 지원금 신청할 때 보여준 철저한 준비도 빠뜨릴 수 없겠구나.

목회자가 경력 중간에 찾아오는 침체형 피로와 그에 따른 권태감을 다루는 표준적 해결책 하나는 교회를 옮기는 것이다. 네가 그것을 고려하고 있지 않아서 기쁘다(너도 그런 생각을 해보았을 거라고 확신한다만!). 그것은 거의 언제나(늘 그런 것은 아니지만) 손쉬운 해결책이고, 결국 네 삶이 성령 안에서 인격적·소명적으로 깊어지는 것을 가로막는단다. 너도 아는지 모르겠다만, 관상 수도회(베네딕투스 수도회와 가르멜 수도회) 수도사들에게는 이런 문제를 가리키는 단어가 따로 있다. 그들은 이것을 "백주에 덮치는 재앙"이라고* 불렀다. 나는 그런 피로와 권태감에 짓눌려 있을 때 그

명칭을 알게 되었고, 그것이 별도의 이름이 있을 만큼 '성직'에 있는 사람들에게 자주 일어나는 현상임을 아는 것이 도움이 되었다. 그것이 꼭 내가 뭔가를 잘못하고 있다는 징표는 아니다. 잘못하고 있는 게 있다면 그에 대한 '해결책'이 따로 있겠지.

지난주에 요세푸스를 다룬 장을 쓰고 책을 탈고했다. 책의 제목을 『리더를 따르라: 영적 리더십에 대한 대화』*Follow the Leader: A Conversation on Spiritual Leadership*에서 『그 길을 걸으라: 예수님이 길이 되시는 여러 방식에 관한 대화』*The Way of Jesus: A Conversation on the Ways that Jesus is the Way*로 바꿨다.** 존 스타인(『메시지』의 오랜 편집담당)이 원고를 읽고 나서 첫 번째 제목에 한사코 반대했지. 나는 십 년 넘게 머릿속에 담고 있던 제목을 포기하는 것이 내키지 않았다. 너의 아내나 목사나 절친한 친구가 와서 이렇게 말한다면 어떻겠니? "세이디 린은 당신의 세 번째 아이에게 걸맞은 이름이 아닙니다. 이름을 바꿔야 해요. 더 적절한 이름을 찾으세요." 내 느낌이 정확히 이랬다. 하지만 결국 나는 설득을 당했지.

원고를 다시 살피고 존이 편집한 내용을 반영하여 최대한 바로잡을 수 있게 주어진 시간이 두 달 반이다. 이번 주에는 예수님에 대한 추가 부분을 쓰고 있다. 광야의 유혹 이야기가 예수님이 길이 되시는 여러 방식에 주목하게 하는 핵심 구절이라는 생각이 갑자기 떠올랐거든. 각 유혹은 예수님이 길이 되시는 **방식**과 관련

• 　이 문구는 시편 91:6(새번역)에 나온다.
•• 　마지막으로 정해진 제목은 *The Jesus Way*였다.

이 있다. 그분은 그 방식을 필요를 채우는 것 정도로 축소하고 탈인격화하실까?(빵) 즐길 거리를 제공하는 것 정도로 축소하고 탈인격화하실까?(성전에서 천사들의 품으로 뛰어내림—삶에 흥분을 더해 줄 기적들) 세계 평화와 정의를 보장할 관료 정치 정도로 축소하고 탈인격화하실까?(자신의 능력을 사용해 죄와 악을 제거함)

내가 다루고 싶은 부분은 마귀가 제안한 바가 음식, 즐거움, 제대로 된 정부까지 모두 선한 것이었다는 점이다. 그러나 전부 사랑이나 친밀함이나 참여 없이 시행되는 비인격적인 것이기도 했다. 이것이 바로 마귀의 방식의 특징이다. 우리는 우리가 좋아하는 옛날 방식으로 예수님의 길을 따를 수 없다. 주님의 일을 마귀의 방식으로 할 수는 없다. 선한 일을 비인격적인 방식으로 하는 것도 미국 방식의 특징인 것 같다.

멋진 소식이 있다. 이번 달 말에 네 엄마 생일축하 여행을 떠나기로 했단다. 시애틀로 날아가 삼박사일을 지낼 건데, 에지워터 호텔에서 묵을 생각이다. 친구 말이 해변을 낀 도심에 위치한 시애틀 최고의 호텔이라는구나. 그 친구가 음악 및 연극 공연 관련 정보도 다 알려 주었다. 그동안 몇 년째 생일 여행 이야기를 해왔지만 지금까지 실행에 옮기지 못했어. 네 엄마가 여행을 고대하는 것 같구나.

메릴랜드에서 온 패티 래스와 루이스 휘틀리가 지난주에 나흘 밤을 우리와 함께 지내면서 멋진 하이킹도 하고 풍성한 대화도 나누었다. 그들과 함께한 시간이 좋았지만 다시 우리끼리만 집에 있는 것도 좋구나. 그들과 나누던 대화 대신에 네 엄마와 나는 저녁식사 전에 한 시간 정도 월리스 스테그너의『빅 락 캔디 마운틴』*을 소리 내어 읽고 있다. 우리가 삼십오 년 전에 읽은 책인데, 이제 보니 이 소설은 '서구' 문화에서 전개된 어떤 특성을 놀랍게 보여주고 있구나. 그 특성은 지금 우리 주위에서 벌어지는 많은 일에도 여전히 영향을 미치고 있지.

말은 일을 감당하며 사랑을 나누는 에릭에게 사랑을 전하며,

아빠가

* Wallace Stegner, *The Big Rock Candy Mountain* (New York: Penguin Classics, 2010).

스물다섯 번째 편지

∞

2006년 1월 3일 · 성탄절 열흘 후

에릭에게

새해 첫 편지다.

 며칠 전 너희 교회 소식지를 받았는데, 다가올 너의 안식년을 교인들에게 설명했더구나. 네 엄마와 나는 네가 일하는 방식에 감탄한다. 교인들과 대화를 나누는 너의 스타일은 너무나 인격적이고 친밀하며 신뢰가 넘치는구나. 그들을 귀하게 여기고 존중하는 것이 느껴진다. 나는 거의 매달 너의 스타일에 주목하게 되는데, 내가 접하는 목사들의 글과 말에서는 그런 목회적 어조를 찾아보기가 너무나 힘들기 때문이다. 그들의 언어는 정보전달이나 동기부여의 수단일 뿐 인격적인 경우가 드물다. 강사로서의 목사, 치어리더 목사, 조직가 목사, 비전제시자 목사는 많지만, 순례길의 동반자, 회중으로 살아가는 복잡하고 힘겨운 일의 파트너로서의 목사는 거의 없다.

두 주 전에 오클라호마 시에서 빌 와이즈먼(화이트 플레인스에서 우리와 협동목사로 함께 일했던 빌 와이즈먼의 아들)의 목사 임직식 설교를 했다. 나는 도마가 나오는 요한복음 말씀들을 설교 본문으로 삼았는데, 첫 번째 본문에서 도마가 이렇게 물었다. "주께서 어디로 가시는지 우리가 알지 못하거늘 그 길을 어찌 알겠사옵나이까." 부활하신 예수님이 나타나신 두 번째 본문에서 그는 이렇게 외쳤다. "나의 주님, 나의 하나님!"* 임직식이 있던 날은 도마 사도 축일이었고, 그래서 나는 도마를 불러와 성직자와 교인들의 관계를 탐구했다. 그 둘은 서로가 서로에게 주고받는 공생 관계다. 이 주고받음을 구성하는 것은 기본적으로 예수님이 하시는 일과 말씀하시는 바를 깨닫거나 이해하지 못해서 나오는 '질문하기'와 예수님이 뜻밖에 나타나시고 깜짝 놀라 그분께 경배하는 가운데 우리 입에서 질문이 사라지는 '예배하기'("나의 주님, 나의 하나님!")이다. 이런 주고받음을 충분히 오래 고수하면 예배가 마침내 질문들을 물리친다. 내가 강조하고 싶었던 내용은 교인들과 성직자의 관계가 이 두 가지 사이를 왔다 갔다 하면서 만들어진다는 것이다. 그 관계는 임직식 설교에서 다루기 좋은 역학을 제시했고, 그에 의거한 설교는 잘 전해진 것 같다. 지금 내가 이 이야기를 하는 이유는 이 관계의 작업 모델로 네가 내 마음속 한편

---

*   요한복음 14:5, 20:28(새번역).

156

에 있었기 때문이야. 의도적으로 교인들과 '눈높이를 맞추는' 자세와 태도를 취하고, 다정하고 느긋한 존중으로 그들과 어울리는 네 모습 말이다.

회중 없이 설교하는 일이 얼마나 어려운지 전에도 말했었지. 그래서 나는 더 이상 설교를 하지 않는다. 그러나 이것을 계기로 원래 설교가 어떤 것이어야 하는지 실감하게 되지. 설교는 교인들의 삶이라는 상황 속에 철저히 자리 잡아야 하며, 친밀함과 복음의 정수 안에 담긴 문장들이 풍성한 인격적 교제와 함께 어우러져야 한다.

빌은 흥미로운 사람이다. 네 엄마와 내가 화이트 플레인스를 떠날 때 그는 고등학생이었다. 이 년 전에 텍사스 주 포트 애런사스에서 우연히(섭리적으로) 그를 만난 이야기를 네게도 한 것 같구나. 그때 이후로 그는 줄곧 연락을 해온다. 이제 그는 예순한 살이고 마침내 목사가 되어가고 있다. 그는 목사가 되는 일을 평생 회피해 왔다고 느끼고 있더구나. 그는 정치권에서 많은 시간을 보냈는데, 오클라호마 주의원을 지냈고 주지사 선거에 출마했으나 낙선했다. 세 번의 결혼이 파경으로 끝났지. 그러나 세상에 영향을 끼칠 만한 많은 것을 가진 사람이다. 그런 그가 이제 사다리의 가장 낮은 가로대에 자리를 잡고 사회에서 가장 영향력 없는 역할을 맡아 힘없고 사랑받지 못하는 이들을 섬기는 데 남은 인생을 바치고 싶어 한다.

나는 그 일의 일부로 초청을 받아서 기뻤다. 그의 아버지는 네 엄마와 내가 벨 에어로 가기 전 삼 년의 기간 동안 내 삶에서 중요한 역할을 했어. 그의 임직식에서 설교하면서 나는 훨씬 큰 이야기의 일부가 된 느낌을 받았다.

목요일에 『그 길을 걸으라』 원고를 출판사에 보냈다(출간은 가을 무렵이 될 것 같구나). 금요일에 『이 책을 먹으라』*가 도착했다 (한 권은 네게 우편으로 부쳤다). 이 책들을 쓰게 되어 무척 기쁘구나. 내가 평생 줄곧 해온 일을 한데 정리하는 작업 같다. 책을 쓰는 작업이야 물론 내가 열심히 진행해야 하는 일이지만, 책의 재료가 다 준비된 상태로 당대 독자들과의 대화로 빚어지기만 기다리는 것 같은 기분은 정말 근사하구나.

금요일에 오하이오 성탄절 여행에서 돌아온 리프와 에이미가 토요일에 이곳에 아이들을 맡겨 놓고 친구들과의 연례 새해 전야 모임을 위해 유레카 근처 호수로 갔다가 일요일 오후에 돌아와 여기서 저녁식사를 하고 월요일 점심식사까지 하고 갔다. 한스와 애나와 메리는 늘 그렇듯이 생기가 넘쳤고 새해를 요란하게 시작할 수 있도록 에너지를 잔뜩 선사했다. 폭죽 따위는 필요 없다.

그러나 손주들의 그 많은 에너지도 내가 새해를 힘차게 시작하게 해주지는 못했다. 느슨해지고 혼란스러운 느낌이 드는구나.

---

* Eugene H. Peterson, *Eat This Book: A Conversation in the Art of Spiritual Reading*(Grand Rapids, MI: Eerdmans, 2006); 『이 책을 먹으라』, 양혜원 역(서울: IVP, 2006).

다음번 책『비유로 말하라』[**]에 대해 계속 생각하면서 한두 주 정도는 이대로 있을 생각이다. 파일과 서랍을 정리하고 장작을 패고 편지를 쓰고 부엌칼을 간다. 며칠 전에는 「위대한 비상」Winged Migration DVD를 봤는데 마음에 쏙 들더구나. 그리고 어젯밤에 「나의 그리스식 웨딩」My Big Fat Greek Wedding 비디오를 구해 두었다. 오늘 오후에 볼 참이다. 그리고 이번 주에 칼리스펠에 「나니아 연대기」The Chronicles of Narnia를 보러 가기로 했다. 충분히 오래 빈둥거리다 보면 에너지가 콸콸 솟아오르기 마련이지!

지난 몇 달간 미국 교회에 대해 많은 생각을 했다.『그 길을 걸으라』로 촉발된 생각이지. 내가 경험한 교회의 모습과 부시가 주도하는 미사여구 및 대형교회의 허세와 번지르르함에서 볼 수 있는 문화적으로 표현된 교회의 모습 사이에는 거대한 간극이 존재한다. 내가 경험한 회중은 기본적으로 세 무리다. 그리스도 우리 왕, 아이즈볼드, 콜버트. 나는 미국 전역과 전 세계에 이들과 비슷한 회중이 아주 많을 거라고 생각한다. 하지만 이들이 내가 아는 회중의 전부이고, 이들에 대해 내가 아는 바는 그 안에서 선하고 충실하고 견고하고 예수님을 영화롭게 하는 일이 이루어지고 있다는 것이다. 그 일은 하나님께 영광이 되고 세상에서 하나님 나라가 성장하는 데 실질적으로 기여하는 방식으로 이루어진

[**]   Eugene H. Peterson, *Tell It Slant: A Conversation on the Language of Jesus in His Stories and Prayers*(Grand Rapids, MI: Eerdmans, 2008);『비유로 말하라』, 양혜원 역(서울: IVP, 2008).

다. 나는 복음사역과 복음적 삶이 가지는 이런 측면의 일부가 된 것이 참 기쁘다. 그러나 주위의 교회를 둘러보고 교회의 사회적 이미지를 살펴보면 그 모습이 정말 악한 것 같구나. 복음의 패러디, 허영의 집합소, 어마어마한 어리석음. 실로 적그리스도적 교회라 불릴 만한 모습이지. 나의 교회 경험은 공적으로 나타나는 교회의 이런 모습과 완전히 상충되는 듯하다. 하지만 흥미롭게도 나는 이런 상황이 크게 신경이 쓰이지 않는구나. 공적 교회의 이미지는 대체로 환각이고 마귀와 그를 따르는 천사들의 명령으로 이루어지는 교묘한 작업이며, 회중과 연결되어 있지 않고 따분해 하는 소비지상주의적 사람들을 크게 교란시키기 위한 일이라는 생각이 든다. 오히려 이 나라 대부분의 지역에는 가식 없는 회중들이 충분히 있어서 누룩의 역할을 감당하고, 복음을 계속 들려주며, 복음에 합당하게 일하고, 하나님 나라가 계속 자라게 한다고 믿는다면 너무 순진한 것일까?

보란 듯이 공개되고 전시되는 교회와 지역 회중들 안에 숨겨진 교회의 차이는 너무나 크다. 이 문제로 심각하게 고민하는 친구들이 있지만(방금 그중 한 명이 보낸 일곱 쪽 분량의 빽빽한 편지를 받았다) 나는 전혀 신경 쓰지 않는다. 매일매일 묵묵히 할 일을 하는 사람들이 충분히 많다. 너, 우리 W 목사님, 너의 회중에 있는 린다, 책을 쓰는 나, 그리고 다른 수많은 익명의 사람들이 있기에 교회는 산산조각날 위험이 없다.

나도 한때는 공포와 경고의 수사에 민감했지만, 이런 상황

전체에 대해 일종의 지루한 태연함이 길러진 것 같다. 내가 볼 때는 너도 당황하지 않는 것 같구나. 호숫가에 자리 잡은 이 고요하고 아름다운 구원의 공간에서 자기만족에 빠져 세상에 무관심해지고 싶지는 않다만, 마귀의 홍보 전문가들의 장단에 놀아나 나나 친구들의 주의가 흐트러지는 것도 원하지 않는다.

이 모든 것은 너의 안식년이 시의적절한—너무나 은혜로운—큰 이유다. 이후 너는 다시 참호 속의 적절하고 전략적인 업무로 복귀할 수 있을 테니 말이다.

사랑을 담아,
널 위해 계속 기도하는 아빠가

스물여섯 번째 편지

∞

2006년 3월 21일 · 사순절

에릭에게

일전에 목사가 되어 그리스도 우리 왕 교회를 시작하던 처음 몇 년을 떠올리며 나를 형성한 사람들과 영향력들을 생각한 적이 있다. 그때, 몇 년 동안 읽지 않았지만 내 의식의 언저리에 머물러 있던 시 한 편이 떠올랐단다. 그중 몇 구절은 지금도 여전히 의미심장하게 다가온다. 시인은 자칭 무신론자인 영국인 필립 라킨이다(나는 그런 불신의 고백을 들을 때 불신을 유예하고 있는 그대로 받아들이는 법을 배웠다). 시를 동봉한다.

　그 시절에 나는 실패하지 않으려고 열심히 노력했고, 교회(목사) 일을 제대로 하려고 분투했다. 나는 성령께서 창조하시는 교회(회중)의 여러 기적의 일부였고, 그로 인한 아드레날린 과다분비에 푹 빠져 있었지. 그때의 나는 과거의 것이나 지속적인 것에는 큰 관심을 두지 않고 교회 확장과 교회 성장을 격찬하는 분위기에 함몰되어 있었다. 당시의 내게 의미 있게 다가오던 말 중에서 지금도 기억하는 문장은 어느 연장자 목사가 해준 이 말뿐이란다. "시대에 부응하는 사람이 하는 일은 결코 단명하지 않는다." 나에게 조언하는 대부분의 사람들은 사회학을 들이밀었고 현실적합성을 이야기했다. 다들 내게 중고차 영업사원의 어조와 전술을 가르치려는 것 같았어. 그러다 이 시를 발견했지. 나는 상상 속에서 필립 라킨을 교회로 데려와 매주 교인석 뒷자리에 앉혔다(그가 세례반과 좀 더 가까운 자리를 편안하게 여겼을 것 같진 않구나). 그리고 그의 목사가 되려고 노력했다. 거리를 두면서도 자신이 이해하지 못한 "지루하고 알 수 없는" 것에 이끌리는 외부인. 그리고 등장하는 이 대목.

이곳의 정적 속에 서면 만족스럽다.
교회는 엄숙한 대지 위에 서 있는 엄숙한 집.
그 뒤섞인 분위기 속에서 우리의 모든 충동이 만나
공인되고 운명의 옷을 입는다.……
……누군가는 더욱 엄숙해지고 싶은
내면의 갈급함에 영원히 놀랄 것이다.*

나는 자전거를 타고 지나가던 한 사람이** '어색한 경외심을

*   Philip Larkin, "Church Going," in *Philip Larkin Poems: Selected by Martin Ames*(London: Faber, 2011); 『필립 라킨 시선집』, 김정환 역(파주: 문학동네, 2013).

표하며'**** 교회로 들어와 나를 자신의 목사로 받아들이는 모습을 계속해서 마음속에 그렸다. 내게 라킨은 나의 자아-아드레날린과 당시 유행하던(지금도 유행하는) 강압적 영업사원식 복음전도에 대항하게 하는 존재가 되었다. 나는 그를 동반자로 곁에 두었다. 그는 자신이 추구하는 줄도 모르는 어떤 것을 찾고 있는 사람이었다. 사제나 목사의 개입 가능성 없는 안전한 예배당을 찾는 사람, 자신이 접했던 종교를 멀리하는 사람, 현대의 **구도자**로 지목되지 않는 사람이었다. 어쩌면 언젠가 '나는 필립 라킨의 목사였다'는 제목의 글을 쓸지도 모르겠구나.

얼마 전부터 조지 엘리엇의 소설『아담 비드』****를 집어 들고 다시 읽고 있다. 작가 본인은 받아들이지 않았던 교회생활과 영성에 대한 지혜와 깊은 이해에 놀라운 동시에 기뻤다. 라킨 같은 우군이다.

네 엄마와 나는 힘든 며칠을 보냈단다. 루터교 캠프 책임자가 두 주 전에 캠프 관리자를 해고했다. 동네와 교회에서 우리가 아는 모든 사람이 당혹스러워했고 어떤 이들은 분노했다. 관리자 릭은 쾌활하고 즐거운 사람으로 믿기 어려울 만큼 다재다능했다. 다

•• 이 시「교회 방문」에서 필립 라킨은 자전거를 타고 가다가 아무도 없는 교회에 들러 교회 안을 둘러보고 현대 교회의 의미를 생각한다―옮긴이.

••• In awkward reverence: 필립 라킨의 시「교회 방문」중 위에서 인용되지 않은 부분.

•••• George Eliot, *Adam Bede*(New York: Penguin Classics, 2008);『아담 비드』, 유종인 역(서울: 현대문화센터, 2007).

만 다듬어지지 않은 부분이 좀 있었지(아마 너도 그를 만난 적이 있을 거다). 그는 캠프 관리에 적임자였다. 게다가 모든 캠프 이용자들이 마음을 빼앗기는 어린 두 자녀도 있었어. 우리는 릭과 그의 아내, 아이들과 친한 친구로 지냈다(일고여덟 살 정도 되는 그의 딸아이는 친구들에게 이렇게 말한다. "누진 할아버지가 내 절친이야"). 그래서 어제, 네 엄마와 나는 캠프 책임자인 게리에게 만남을 청했다. 게리도 우리의 친구이기 때문에 이런 일로 만나는 것이 마음이 편치 않았다.

나는 대화의 공통 기반을 마련할 요량으로 이런 취지의 말을 했다. "게리, 당신이나 나나 목사이고[그는 안수 받은 루터교 목사였지만 이십오 년간 캠프 책임자로 일했다] 지역사회의 영적 건강을 보살필 책임을 공유하고 있습니다. 그런데 당신도 알다시피 지금 지역사회가 술렁이고 있습니다. 곤혹스럽고 당황스러운 이 시간에 우리가 당신을 돕기 위해 할 수 있는 일이 있을까요?" 그러나 그런 말은 소용이 없었다. 게리는 다정하고 매력적인 사람이었지만 이후 한 시간 가량을 목사가 아니라 캠프 책임자처럼 말했다. 문제는 릭에게 다듬어지지 않은 부분들이 있고 가끔 퉁명스러운 태도로 사람들에게 불쾌감을 준다는 데 있었다. 그리고 그는 게리가 일거리 목록을 제시하는 것을 좋아하지 않았고, 자신의 현장감각에 따라 일의 우선순위를 정했다(릭이 일을 잘하고 많이 한다는 점에 대해서는 의문의 여지가 없었다).

그래서 한 시간 동안 우리는 게리의 입을 통해 릭을 해고해야 할 이유를 들었다. 그 시간 내내 나는 이런 생각을 했다. '게리,

당신은 목사예요. 목사는 주어진 이들과 함께 일해야 해요.' "돌을 가리는 것은 못난 석공이다"(조지 허버트).* 우리 이웃이자 캠프를 자주 찾는 봉사자가 속이 상해 이틀 전에 내게 이렇게 말하더구나. "방귀를 뀐다고 맡은 일을 잘하는 말을 없애진 않아요."

우리는 서글픈 심정으로 그 자리를 떠났다. 적대적 대립은 없었고, 모든 것이 정중하고 예의 발랐다. 그러나 우리가 완전히 다른 세계에서 산다는 느낌이 들더구나. 서로 간에 공통점이 전혀 없었다. 게리에게는 효율성과 대외적 이미지가 공동체보다 중요하지.

스탠리 우드가 편집한 개척교회 성장에 대한 책이 내가 쓴 서문을 달고 도착했다.** 전에 한 번 이야기했던 책이다. 두 권 보내마. 개척교회 성장 계획과 관련하여 네가 노회에서 하고 있는 일에 유용할 것 같구나.

여긴 온도가 올라가고 있다. 토요일이 크로스컨트리 스키의 마지막 날이었던 것 같다. 몇 주 있으면 수영을 하게 되겠지!

날짜로 따지면 얼마나 남은 거지?

우리 주님의 평화를 빌며,

아빠가

* Robert B. Fairbairn, "The Pioneer Missionary"(sermon, St. Stephen's College, Annandale, NY, April 30, 1876), http://anglicanhistory.org/usa/jlbreck/fairbairn1876.html에서 인용.

** H. Stanley Wood, ed., *Extraordinary Leaders in Extraordinary Times*, vol. 1(Grand Rapids, MI: Eerdmans, 2006).

스물일곱 번째 편지

∞

2006년 5월 29일

에릭에게

목요일에 떠나기 전에 이 편지를 받을 수 있을지 모르겠다만, 적어도 광야의 그리스도 수도원에서 돌아올 때까지는 도착해 있을 거다. 금요일과 토요일에 스포캔에서 너와 짧은 시간 동안 만나 시작한 대화는 말이 아니라 글로 이어가야 할 것 같다.

　우선, 고맙다. 너는 '커밍아웃'을 하겠다고 했지.* 그건 괜찮다. 목사는 어떻해야 한다는 (나를 포함한) 다른 사람들의 가정이나 기대의 간섭을 최대한 덜 받으면서 목사로서의 정체성을 기르

---

*　이 무렵까지 나는 아버지와의 부자 관계를 드러내지 않았다. 내가 유진 피터슨의 아들이라는 사실을 사람들이 너무 빨리 알게 되면 그들과 나의 관계가 복잡해지는 것을 알게 된 탓이었다. 여기서 말하는 '커밍아웃'은 내가 개인적·목회적 정체성을 아버지와 별도로 보다 든든히 확립한 다음, 그 문제에 대해 그렇게 조심하지 않게 된 시점을 말한다.

고 목사로 존재하는 너만의 **방식**을 키워 온 것은 아주 지혜로운 일이었다고 본다. 그리고 그건 효과가 있었다. 하나님이 네게 주신 독특한 자아는 네가 목사 안수를 받은 이후 몇 년간 점점 더 분명해졌다. 나는 아버지와 아들, 목사와 목사로 이어지는 우리의 연속성과 조화를 귀하게 여기지만, 너의 성숙한 소명을 신선하고 독창적인 방식으로 표현하고 살아 낸 것이 더없이 기쁘다. 그리고 이제 너는 안식년에 들어간다. 많은 에너지와 기도와 사랑을 들여서 얻게 된 목회적 기술과 회중에 대한 직관, 인격적 영혼사역이 낭비되거나 소진되지 않게 하려는 것이지. 나는 너와 함께 있을 때 이런 것들을 생각했고 집으로 차를 몰고 오면서 두루 회고했단다.

너의 '기독교학문연구소'Institute for Christian Learning, 이하 ICL 참여로 인해 내가 이번 스포캔 집회에 가게 된 섭리에 대해서도 생각했다. 내가 초청을 수락한 것은 이 그룹이 네게 큰 의미가 있음을 알기 때문이고, 몇 주 전 낸시, 칼과 만나면서 이 그룹과 내가 같은 것에 관심을 갖고 있다는 것이 분명해 보였기 때문이다. ICL이 집중적으로 다루는 회중의 한 가지 측면에 대해 나는 기여할 만한 기술을 갖추지 못했지만 회중의 그 측면은 내가 하고 있는 일, 쓰고 있는 글만큼이나 교회와 목사들의 건강에 필요한 것 같더구나. 과거에 내가 느끼고 사실이기를 바랐던 모든 것이 스포캔에서의 대화를 통해 사실로 확인되었다. 나는 그 집회의 정신, 언어, 전략, 사람들까지 너무나 편안했고 그 모든 것과 함께할 수 있었다.

아침식사 시간에 나는 평소 마귀 운운하는 말을 자주 하지 않지만 지금의 환경에는 그런 식의 표현이 적절할 것 같다고 즉흥적으로 말했다. 그리고 현 세대 마귀의 핵심 전략은 회중을 파괴하는 것이라고 했지. 마귀의 전략에서 분명한 한 가지 요소는 큰 것을 미화하는 일인 듯하다. 마귀는 모든 목사와 회중이 더 큰 헛간을 흠모하고 탐내고 짓도록 유혹한다. 사람들이 수(數)를 왕으로 섬기면서 세례명들은 통계수치로 전락하지. 우리 이야기들이 전해지고 기도를 거쳐 공동체의 이야기, 하나님 나라의 이야기로 발전할 수 있도록 성령께서 주신 장소에서, 이야기들이 프로그램에 의해 파괴되고 특정한 사람들, 특히 주변부에 있는 사람들이 점점 더 익명의 상태로 밀려난다. 대화는 묻히고 동기부여를 위한 선동이 난무한다. 관계는 탈인격화되어 비전이나 대의명분을 동반한 프로그램 참여만 남는다. 이런 일이 벌어지는 내내 어휘와 표현은 전적으로 기독교적이고 성경적이며 복음적이다. 마귀는 교회에서 말하거나 쓰는 내용을 건드리지 않도록 주의한다. 그 부분에서 문제가 생기면 이단 사냥꾼들의 경보가 울릴 수 있기 때문이다. 그러나 회중으로서의 회중이 파괴됨으로써, 크게 되는 데 실패한 회중은 성령께서 지금 거기서 하고 계신 일을 보지 못하고 자기연민에 빠져 쇠약해지거나 시기심에 사로잡혀 곪아 간다. 그리고 크게 되는 데 성공하는 회중은 이기는 팀이나 조직의 일원이라는 흥분에 겨워 예수님의 십자가, 희생적 삶, 부활의 신비, 그리고 "지극히 작은 자"* 같은 왜소하고 주변적인 관심사들을 완전히 망각해 버린다. 성경은 더 이상 기도하고 순종하는 삶의 교과서—인간 조건의 온전한 범위와 하나님 계시의 놀라운 경이들이 담긴—로 여겨지지 않는다. 사람들은 성경을 범퍼스티커용 슬로건으로 뽑을 만한 문구들, 행복한 얼굴을 보장해 줄 약속들, 힘들게 읽지 않아도 성경의 핵심내용을 알려 주는 7단계 교훈 등이 담긴 세계적 베스트셀러 모음집 정도로 광고한다.

그런데 ICL이 등장했지. 그들은 큰 것을 맹렬히 비난하는(내가 그랬던 것처럼) 대신 조용하고 솜씨 좋게 사람들을 한데 모아 인격적이고 관계적인 조직을 발전시키는 법을 보여준다. 그런 조직은 하나님의 백성으로 모인 사람들이 어떤 이들이고 그 수가 얼마나 많은지에 상관없이 그들에게 존엄을 부여하지. 그들은 엄포에서 자유롭다. 모임을 마치고 그 자리를 떠나면서 이런 생각이 들었다. 네가 그들과 함께 일하게 되어서 기쁘고, 나도 주변부에서 살짝이나마 관여하게 되어서 기쁘다.

토요일 오후에 집에 돌아와 보니 카렌의 생일파티가 한창 진행 중이더구나. 메리와 애나, 한스는 생일파티의 에너지 담당이었다. 데이브도 거기 있었고, 리프는 연어를 그릴에 올릴 준비를 하고 있었어. 연어가 든 랙 아래로 오리나무 훈연칩 트레이를 까는 새로운 조리법이었다. 카렌 고모와 마일스 고모부도 왔더구나. 나

• 　마태복음 25:40, 45.

중에 마일스는 세 가지 목사와 회중 이야기(홀륭한 이야기였다)로 우리를 즐겁게 해주었다. 카렌의 뜻에 따라 레이와 수지 리쇼 부부―미줄라에서 온 부부인데, 네 할머니와 친분이 있고 삼십 년 전에 그 옛 오두막에 머문 적이 있다. 카렌이 존경하고 좋아하는 분들이다―를 초대해서 그들이 하룻밤을 묵게 되었는데 우리에게 큰 즐거움을 안겨 주었단다. 정말 멋진 생일축하 만찬이었다. 네 엄마와 나는 그날의 연어가 이제껏 먹어 본 것 중 최고라는 데 동의했다. 촉촉하고 오리나무 훈제향이 은은히 배어 있었지. 카렌도 기뻐 보였다. 정확히 자신이 바라던 그런 시간이었다고 말해 주어서 우리도 기뻤다. 아쉬웠던 점은 딱 하나, 너와 네 가족이 함께하지 못한 것이었지!

기다리던 시간이 잘 끝났다!

우리 주님의 평화를 빌며,
아빠가

171

스물여덟 번째 편지

∞

2006년 9월 6일

에릭에게

내가 날짜를 바로 알고 있다면, 너는 어제부로 목회 임무에 복귀했겠지. 네가 개를 데리고 휘파람을 불면서 뛰어가다 들고 있던 커피가 개의 양쪽 귀와 너의 신발에 튀는 모습을 상상해 본다.

　며칠 전 너는 원더랜드 트레일*을 하이킹하면서 감사를 경험하고 깨달음을 얻고 눈물을 흘렸다고 전화로 전해 주었지. 너무나 멋진 이야기였다. 두 달 반의 안식년 기간이 없었다면 그런 일은 일어나지 않았을(못했을) 것 같구나.

　미국에서 성숙하고 거룩한 목회 소명이 회복되게 만들 한 가지 해결책이 있다면, 그것은 모든 회중이 의무적으로 칠 년에 한

---

* 총 백오십 킬로미터에 달하는 시애틀의 레이니어 산 일주코스—옮긴이.

번씩 목사에게 안식년을 제공하게 하는 것이라는 생각이 가끔 든다. 목사의 절반이 그 시간을 오용하거나 낭비한다 해도, 그 유익은 광범위하고 심오할 것이다. 방금 아일랜드의 한 장로교 목사가 보낸 편지를 받았다. 그는 세 달의 안식년 휴가의 첫 열흘을 이곳에서 우리와 함께 보냈단다(오전에는 대화, 오후에는 골짜기와 글레이셔 공원 드라이브). 그는 편지에서 아주 상쾌하고 활력이 넘친다고 말했다. 하지만 회중에게나 본인에게나 가장 중요한 것은 자신이 교회에 없어서는 안 될 존재가 아니라는 깨달음이라고 했다(그곳에서 이십삼 년을 목회한 그의 회중은 너의 회중보다 규모가 약간 작다).

낸시 아이작슨의 편지도 방금 받았는데 너를 언급하는구나. "에릭 목사님이 그리워요. 그분은 전혀 새로운 리더예요. 우리 시대와 문화의 저류가 인간 정신에 미치는 영향을 이해하고, 거기에 빨려 들어가는 일이 없도록 삶의 방식을 조정하는 분이에요. 유급 노동을 하는 저는 이런 상황을 보지 못하고, 우리가 왜 숨이 가쁘고 비전이 없는지 알지 못하며, 왜 어떤 일에 더 이상 전심을 다할 수 없는지 묻지 않는 사람들에게 둘러싸여 있어요. 에릭 목사님은 목회에서도 삶의 방식에서도 본이 되는 중요한 역할을 한다고 생각해요."

나는 너의 이번 안식 기간과 그 시간을 사용한 방식이 너와 회중이 성숙해지고 초점을 잃지 않고 그리스도를 삶의 중심에 두고 살아가게 하는 데 중요한 역할을 할 거라고 본다. 그런 성장은 쉽지 않지.

　나는 지금 강연을 하나 준비하고 있다. 숙고하고 있다는 말이 더 맞을 것 같구나. 그 강연에서 오늘날 미국 교회의 특징인 왜소화를 지적하고 싶다. 모든 것이 지나치게 왜소화된 것 같아. 여러 유행이 우후죽순처럼 생겨난다. 구도자 교회, 이머징 교회, 메가 교회 등등. 이것들 말고도 내가 들어 보지 못한 것들이 훨씬 많이 있겠지. 자신이 누구이고 어디에 있는지 이해하고 싶어 하고, 자신의 모습과 자신이 있는 곳에 충실하고자 하는 목사와 회중은 어디 있을까? 사실 나는 그런 목사와 회중을 많이 안다. 너도 그렇지. 그러나 현실에 발을 딛고 있다는 증거를 찾을 수 없는 목사와 회중들이 너무나 많다. 그들은 세상이 위기에 빠졌으니 자신들이 바로잡아야 한다고 생각한다. 그 결과 자신들의 소명과 은사를 허비하고, 바로 문 앞에 있는 필요와 기회를 날려 버린다. 문화 분석과 복음을 포장하여 문화를 바로잡을 방안들이 목사들에게 지금처럼 쏟아진 적이 있던가? 목사들이 전부 세 달 동안 광야로 나가 이메일을 읽지 않고, 모든 컨벤션과 컨퍼런스 중지를 선언하고, 아무 일도 하지 않으면서 오랫동안 깊이 기도하는 시간을 가진다면, 어쩌면 모종의 평정을 되찾게 될지 모른다.

　데이빗과 루스 루 부부가 이곳에서 일주일을 머물렀다. 삼십사 년 만의 만남이었다. 두 사람의 딸 케언이 죽은 지가 일 년이 조금 지났다. 그들은 지난여름에 올 계획이었지만 루스의 발목에 큰 무리가 왔고 회복 과정은 느리고 고통스러웠다. 지금도 그녀는 걸을 때 절뚝거리고 지팡이를 짚어야 한다. 그들과 함께한 시간은 참 좋았다. 그들은(특히 루스가!) 케언에 대해, 그리고 그 아이와 보낸 십구 년의 풍성한 삶에 대해 많이 이야기했다. 그 말에 귀를 기울이다 보니 그들의 경험과 그것이 이루어진 방식에 경탄이 흘러나오더구나. 케언의 몸에는 인간에게 생길 수 있는 모든 문제가 있었다. 그러나 그들 가족은 딸에게, 서로에게 전폭적으로 자신을 내어 주었고, 모든 면에서 딸에게 있는 최선의 모습을 이끌어 냈고, 딸을 통해 그들도 최선의 모습을 드러냈다. 유쾌했던 케언과 부모는 잦은 생사의 위기를 참을성 있게 견뎠다. 부부는 그 모든 과정 내내 정상근무를 하면서도 근무시간을 조정하여 둘 중 한 사람은 꼭 케언과 함께 있었다. 또 그들은 올림픽 반도(포트 타운센드에서 그리 멀지 않은 곳이다)에 삼나무 집을 지었는데, 데이빗이 목수 일과 수납장 짜는 일을 거의 다 맡아서 했지. 그 집은 아름답게 만들어진 예술작품이란다.

하루는 그들의 말을 듣고 있는데 '니플라오트'niphlā'oth, '주님의 기이한 일들'라는 단어가 떠올랐다. 히브리 성경에 자주 등장하는 표현이지. 이 표현은 거의 언제나 홍해를 건넌 일, 광야에서의 여러 기적 같은 구출과 구원의 강력한 행위들을 가리킬 때 쓰인다. 나는 그 순간 이 니플라오트 중 하나를 목격하고 있다는 느낌이 들었다. 데이브, 루스, 케언, 이 세 사람의 삶에서 일어난 기이한 일들이 그것이었다. 그것은 성령께서 일으키신 니플라오트였다. 인간이 순전한 의지력을 발휘하여 할 수 있는 일이 아니며, 삶의 모든 부분에 큰 기쁨이 퍼지지 않고서는 안 될 일이었지. 이 세 사람 곧 자녀와 아버지와 어머니 안에서 벌어진 일에 비하면, 산과 빙하와 대양과 세쿼이아―우리를 감탄하게 만드는(히브리 성경이 감탄하는) 피조세계의 사물들―는 어떤 의미에서 작디작다. 그들은 자신들이 겪어 온 일과 거침없이 기뻐했던 삶에 대해 다른 이의 시선을 의식하지 않는다. 이런 일이 눈앞에 일어나는 것을 보노라면 교회에서 이런저런 일이 벌어지지 **않는다**고 불평하는 것이 옹졸하게 느껴지지. 그런데 우리 목사들은 그런 일이 제일 잘 보이는 자리에 있어! 목사들은 그런 일에 자주 관여하게 되잖아. 그렇지 않니?

그들은 월요일에 떠났다. 카렌이 왔고 리프와 에이미와 아이들이 야외 식사를 함께하러 와서, 데이브와 루스는 월요일 대부분의 시간을 우리와 함께 있다가 시애틀로 돌아가는 늦은 비행기를 타러 떠났다. 그들이 우리 가족과 함께한 일이 선물처럼 느껴진다. 너희 가족도 함께였다면 진정 성경적인 니플라오트였을 것이다.

우리 주님의 평화를 빌며,
아빠가

176

스물아홉 번째 편지

∞

2007년 1월 7일 · 예수님의 세례 주일

에릭에게

오늘 아침 예배 시간에 W 목사님이 2006년에 세례 받은 이들을
축하했다. 여자들이 세례 받은 아이의 이름이 적힌 가로세로 육십
센티미터의 정사각형 현수막들을 만들었고 그것들을 성찬 난간
에 걸어 놓았지. 그들은 각 아이의 부모에게 그것을 나눠 주며 이
렇게 말했다. "이 세례 현수막을 누구누구를 위해 만들었습니다."
그리고 아이를 위해 기도했다. 그다음에는 회중이 함께 '기억의 의
식문'(동봉했다)으로 기도했다. 작년에는 세례가 있을 때마다 필리
스 매카시(우리 교회에서 노래를 제일 잘하는 사람)가 세례 도중 「나
는 여행을 떠나네」를 불렀는데, 오늘은 회중 전체가 그 노래를 함
께 불렀어. 2006년에는 일곱 번의 세례가 있었다. 아브라함과 사
라, 스가랴와 엘리사벳 같은 팔십대들이 가득한 이 회중에서 이것

177

은 대단한 일이란다.

물론 나는 세례에 초점을 맞춘 너의 목회, 성례전적으로 형성된 너의 목회신학이 훌륭하다고 생각한다. 그리스도인을 규정하는 성례인 세례를 최대한 활용하는 목사가 적어도 한 명은 더 있다는 것을 알면 너도 기뻐할 것 같아 소식을 전한다.

오늘은 W 목사님의 설교가 최고는 아니어서 잠깐 네 생각을 했다. 네가 로마서 설교를 시작한 일 말이다(네가 교회 소식지에 광고한 내용이지). 나는 그것이 좋은 일이라고 생각한다. 회중과 너는 이제 서로 충분히 익숙해져서 이 위대한 서신에 귀 기울일 수 있을 거다. 나도 지금의 너만큼 목회를 진행하고 나서 로마서 본문을 따라 설교했다. 나는 체계적으로 계획을 세워 한 주에 한 장씩, 열여섯 번의 설교를 했는데, 지금 네가 설교하는 방식이 더 마음에 드는구나. 너는 지나치게 많은 계획을 세우지 않고 매주 성경 본문과 회중이 함께 이끄는 방향을 따라가고 있지.

몇 주 전, 웨나치에 있는 오순절 계열(포스퀘어 교단)의 친구 마이클에게 편지를 썼다. 편지에다 나는 마일스가 은퇴한 이후 좋은 세례식 이야기(세례당에서 마일스 위로 넘어진 덩치 큰 여성, 오버올 작업복 차림으로 물속에 들어갔다가 나올 때는 오버올도 속옷도 없었던 노인 등)를 들을 수 없게 된 것을 탄식했지. 유아 세례에서는 보통 그런 극적인 장면, 적어도 우스운 장면이 만들어지지 않는다.

그는 나의 탄식어린 편지에 답장을 보내왔는데, 너도 좋아할 것 같아서 소개한다.

우리는 좋은 알미니안 방식에 따라, 유아에게 세례를 주는 대신에 봉헌식을 한다네. 칠팔 년 전에 우리 교인들은 열다섯 살의한 아이가 임신과 출산을 거쳐 고등학교를 졸업하고 결국 결혼에 이른 과정을 함께했네. 나는 시애틀 북부의 스노호미 시에서결혼식 주례를 섰지. 그녀와 남편은 그곳에서 살지만 아기가 태어날 때마다 봉헌식을 위해 이곳으로 오지. 몇 주 전, 셋째 아이매켄지 제이드의 봉헌식이 열렸어.

나는 그 가족을 불러 예배당 앞쪽으로 나오게 했네. 그런데특별한 드레스 차림의 매켄지 제이드를 안고 있던 아이 아버지가 아이를 자기 몸에서 점점 떼어 놓기 시작하더군. 이리저리 자세를 바꾸고 속삭임이 들려온다 싶더니 결국 무시할 수 없을 정도가 되었어. 매켄지가 그 순간의 기쁨에 겨워 울지도 않고 자신이 바칠 수 있는 모든 것을 바친 거야. 그것은 아이의 옷 속을 가득 채우고 시큼한 냄새를 풍기며 아론의 예복에 부은 기름처럼흘러내렸네. 나와 그 가족들 뒤쪽, 피아노 앞에 앉아 있던 낸시[마이클의 아내]가 이렇게 말했다네. "마이클, 기저귀가 필요해요." 그러고 나서 더 큰소리로 이렇게 말하더군. "기저귀 갖고 있는 분 계세요?" 사실 우리에게 기저귀보다 먼저 필요한 것은 고압세척기였지. 신도석에 있던 또 다른 젊은 아버지가 하기스 기저귀를 들고 일어났고, 그것을 받아 든 아이 부모가 유아방으로

179

가느라 몇 분간 자리를 비웠네.

　나는 무슨 이야기를 할지 생각하면서 제자리걸음을 하고 있었지. 마침내 그들이 돌아왔고, 우리는 기도했네. 현실에 발붙임과 웃음, 성육신 등에 대해 하나님께 감사했지. 나는 그 가족을 자리로 돌려보내면서 이렇게 말했다네. "교회에서는 어떤 일이 일어날지 모릅니다. 아기 봉헌식이 열릴지, 아기 배변식이 열릴지, 둘 모두가 될지 말이죠."

　나는 그에게 답장을 써서 오순절 종말론eschatology 대신 이교도의 분변학scatology을 내세웠다고 나무랐다.

　오순절파 친구 몇 명과 교우 관계를 유지할 수 있다면, 마일스의 이야기를 잃은 일이 그렇게 큰 손실은 아닐 것 같구나.

　새해 주말에는 리프와 에이미가 연례행사로 몇몇 친구들과 일박이일을 보내느라 한스, 애나, 메리가 이틀간 우리와 함께 있었다. 리프와 에이미는 모임이 끝나고 저녁에 이곳으로 와서 새해 첫날 양다리 고기 만찬에 합류했다. 좋은 시간이었지. 일요일에 교회에 다녀온 뒤, 우리는 가끔 점심식사를 하는 작고 편안한 소머스 카페로 아이들을 데려갔다. 우리와 함께 예배를 드렸던 두 노부부가 옆 테이블에 있었는데, 그들은 카페를 나가려다 말고 멈추어 서서는 아이들을 칭찬하면서 큰소리로 이렇게 외치더구나. "정말 예쁜 아이들이네, 아주 얌전하네요!" 그들의 말은 좀 과장되었고 진실성이 느껴지지 않았어. 그들이 나간 뒤 한스가 이렇게 말하더구나. "할머니, 할아버지, 우리는 저분들 생각처럼 얌전하지 않아요." 맞는 말이었어.

지난 몇 달간 N. T. 라이트의 책을 읽고 있다. 신약성경에 대한 두꺼운 책이 세 권이더구나. 두 번째 책을 거의 다 읽었고, 세 번째 책이 책꽂이에서 기다리고 있다. 책을 구해 놓은 지는 사오 년 되는데 작년 여름에 읽기 시작했다. 바울에 대한 네 번째 책도 나오는 것으로 안다.* 이 책들은 더없이 훌륭하다. 그러나 길어. 각 권이 7-8천 쪽이지. 그래서 읽어 나가는 데 시간이 한없이 걸린다. 그는 복음서 이야기들의 모든 세부 사항을 다루고 그 모두를 당대 유대인의 세계 안에서 바라보게 하며 (예수 세미나 사람들 및 그와 비슷한 다른 사람들에 맞서) 각 세부 내용이 전체적 맥락 안에서 볼 때 역사적으로 타당함을 입증한다. 매력적이고 시야를 넓혀 주는 작가야. 한 사람이 어떻게 그렇듯 많은 자료—거기다 학술적 논평과 논증이라니—에 통달할 수 있는지 나로서는 이해 불가다. 나는 새로운 것을 잘 배우지 못하는데, 그는 모든 것을 너무나 더 크게, 더 일관성 있게 만들어 주는 재주가 있어. 예수님의 이야기들과 기도에 대한 영성 책을 쓰는 요즘, N. T. 라이트 덕분에 긍정적인 자극을 받는다.

* 아버지가 여기서 말하는 책은 N. T. 라이트가 집필한 여러 권 분량의 시리즈인 *Christian Origins and the Question of God*(Minneapolis: Fortress Press, 1992-2013); 『기독교의 기원과 하나님의 문제』, 박문재 역(고양: 크리스챤다이제스트, 2003-2015)이다.

그리고 내 마음에 쏙 드는 책이 또 있다. 리처드 리셔의 『말의 종말』*이다. 이 사람 아니? 한번 만나 봤는데 마음에 들더구나. 듀크대에서 가르치는 루터파 목사야. 『말의 종말』은 설교에 대한 정말 좋은 책이다. 네가 하고 있는 일, 그 일을 하는 방식과 잘 맞는 책이지. 다 읽고 나서 너에게 보내 주려 했는데, 어느 날 아침에 실수로 변기에 빠뜨리는 바람에 물에 푹 잠겨 휘어졌다(또 분변학적 소재구나). 나중에 전화로 네 의사를 물어보마. 혹시 원한다면 깨끗한 세례본을 보낼 생각이다.

카렌이 성탄절 선물로 준 휴대폰이 잘 작동하는구나. 새해 첫날, 리프가 기술의 미로를 헤치며 우리를 지도해 주었다. 며칠 후, 네 엄마가 그걸 가지고 미용실 예약에 맞춰 시내에 나갔다가 통화가 되는지 확인하려고 내게 전화를 걸었어. 하지만 리프의 탁월한 강의에도 불구하고 네 엄마는 휴대폰 다루는 법을 생각해 낼 수 없었고, 덕분에 미용실의 모든 여자가 너도나도 끼어들었지. 듣자 하니 다들 아주 즐거운 시간을 보내고 있는 것 같더구나(우리 비용으로, 우리를 놀려 먹으면서!).

이렇게 우리는 새해를 잘 시작했다. 이번 달에는 손님이 없는데 환영할 만한 일이다. 우리는 고요한 시간을 만끽하고 있다. 그런데 흥미로운 점은, 2월에 두 사람이 이곳에서 며칠 머물기로 했는데, 네 엄마가 이미 마음으로, 정서적으로 준비하고 기대를 하

•   Richard Lischer, *The End of Words: The Language of Reconciliation in a Culture of Violence*(Grand Rapids, MI: Eerdmans, 2008).

고 있다는 것이다. 집필은 잘 진행되고 있다. 하루에 오백 단어를
쓴다는 소박한 목표를 세웠는데 아주 잘 되어가고 있다. 몇 달간
글쓰기를 중단한 덕분인지 다시 기운이 돌아오는 것 같다.

너희 가족사진은 정말 아름답구나.

사랑을 담아,
아빠가

서른 번째 편지

∞

2007년 5월 26일 · 부활절 후 일곱 번째 주

에릭에게

무덤에 있는 새 친구를 사귀고 있다. 자크 마리탱 Jacques Maritain. 여러
해 동안 그에 대한 호기심이 계속 있었다. 『그 길을 걸으라』의 도
입부에서 그가 말한 "수단을 정결케 하는 일"에 관해 썼다. 그러나
나는 그의 책을 한 권밖에 읽지 않았고 그것도 오래전의 일이다.
작년 여름 산타페에 있을 때 그에 대한 책을 두 권 구해서 그대로
책꽂이에 꽂아 두었다. 그런데 며칠 전 충동적으로 그중 한 권을
꺼내서 읽기 시작했다. 어쩌면 마리탱은 내가 읽을 준비가 될 때까
지 내 시선을 피했는지도 모르겠다. 지금 나는 그와 함께 있는 시
간이 정말 편하구나. 너와 대화를 나눌 때처럼 말이다. 모든 내용
이 너무나 적절하면서도 현장과 경험에서 우러나온 개인적 방식
으로 표현되고 있어. 겨우 20쪽까지 봤지만, 일부러 읽는 속도를

늦추고 문장들을 다시 읽고 책을 덮고 밖으로 나가 이리저리 돌아다니게 된다.

단박에 매력적으로 다가온 한 가지는 그리스도 안에서 그의 삶이 결혼생활과 긴밀하게 이어져 있다는 것이다. 마리탱과 그의 아내 라이사는 둘 다 무신론자였는데, 인생에서 어떤 의미를 발견할 수 없다면 스스로 목숨을 끊기로 함께 결정했지. 그러나 그들은 함께 그리스도인이 되었고 거룩함과 성숙함을 함께 길러 나간 듯하다. 라이사는 두 권 분량의 회고록을 썼는데, 자주 언급되는 것을 보면서도 읽어 보지는 않았다. 하지만 이제 읽어 볼 생각이다.

나는 마리탱과 어울리는 일이 좋다. 그는 하나님께 흠뻑 잠겨 있는 사람 같다. 그에 비하면 나는 발만 물에 담그고 있는 듯하구나. 이따금씩 밀려오는 파도에 넘어져 흠뻑 젖고 소금물이 코로 들어가 캑캑대고 기침을 한다. 깊은 물에 들어가 고래와 함께 수영하는 일과는 아주 거리가 멀지. 그렇다고 해도 발목까지 오는 대양의 가장자리에 머무는 불완전하고 변덕스러운 삶 가운데, 수많은 교회의 예배당에 설치된 뜨겁고 염소냄새 나는 작은 풀장으로 가는 일은 생각할 수 없단다.

알래스카에서 너와 보낸 시간은 아주 좋았다. 그 시간, 거기서 누린 관계가 자꾸 기억이 나서 음미하고 감사하게 되는구나. 나는 우리가 조화롭게 하나로 통합되어 있다는 느낌을 받았다. 너무나 일치된 느낌이었어. 네가 목사라서 기쁘고, 너의 소명을 발전시킬 때부터 고유한 성숙함 가운데 전력을 다하는 지금까지 내가 관여할 수 있을 만큼 너와 가까워서 기쁘다.

오늘은 네 누나의 생일이다. 마흔일곱 살. 스시 케밥으로 구성된 생일만찬에 리프와 에이미와 손주들, 마일스 고모부와 카렌 고모가 함께할 예정이다. (차가운 비가 한 주 동안 내리더니) 오늘은 따사로운 햇볕이 드는구나. 바깥에서 요리를 해먹을 수 있을 것 같다.

네가 다음 주일에 강단에서 활용할 수 있는 세례 이야기를 하나 소개하마. 두 소년이 왜 동네에서 어느 누구도 자기들과 놀지 않는지 의아해하고 있었다. 다들 그 아이들을 피했지. 그들은 자신들이 세례를 받지 않아서 그런 거라는 결론을 내렸고, 그래서 교회를 찾아 나섰지. 한 군데를 찾고 보니 목사는 없고 교회관리인뿐이었다. 아이들은 자기들에게 세례를 줄 수 있는지 그에게 물었지. "그럼." 교회관리인은 이렇게 대답하고 나서 아이들을 화장실로 데려가 하나씩 발목을 잡고 들어 올려 변기에 머리를 담갔어. 얼마 후 아이들은 교회를 떠나면서 자신들이 어떤 종류의 세례를 받은 그리스도인인지 이야기를 나누었지. 가톨릭인가? 아니었다. 가톨릭의 세례는 머리에 물을 좀 뿌리는 정도이지. 침례교도? 그것도 아니었다. 그들은 물에 빠져 죽을 뻔했어. "알겠다." 마침내 그중 한 명이 이렇게 말했지. "그 물 냄새 맡았어? 우리는 성공회 쉰자E-piss-copalians야!"

물이 호수에 빠르게 차오른다. 만수까지 육십 센티미터밖에 안 남았다. 지난여름 폭풍 때 생긴 피해를 마일스가 보수했다는 애길 했던가? 그는 폭풍으로 파티오 하부구조의 일부가 떨어져 나간 부분에 돌을 쌓는 공사도 했다. 돌 사이로 시멘트 작업을 해서 부두 오른쪽에 계단을 만들고 왼쪽에는 얕은 어린이용 풀장을 만들었단다. 멋진 작업이었지.

알래스카에서 함께했던 시간을 줄곧 생각한다. 스티브와 재닛의 고뇌, 회중의 혼란. 요즘에는 목사로 사는 일과 회중으로 사는 일 중 어느 쪽이 더 힘든지 잘 모르겠다. 오늘 아침 마리탱의 책에서, 그리스도인(가톨릭 신자)이 되는 것에 대해 생각하고 읽고 말하는 과정은 똥더미를 파헤치며 보석을 찾는 일과 같다고 쓴 대목을 읽었다.*

제프리 W.가 가톨릭 신자가 되었다는 이야기 내가 했던가? 너도 알다시피, 그는 몇 년째 그 이야기를 해왔는데 이제 실행을 했어. 자신에게 목사나 사제의 소명이 없다는 결론을 내렸단다. 그는 에미츠버그에 있는 한 가톨릭 계열 대학(마운트세인트메리스 대학)의 철학교수로 임명되었고 9월부터 일하기로 했다. 지금은 가톨릭 대학교에서 박사논문을 마무리하고 있지. 그는 노회에 자신의 결정을 알렸다. 결정을 내리고 안도하는 듯 보여. 그 결정이 흔들리지 않기를 바란다. 제프리를 잘 아는 터라 나는 그의 결정을 이해할 것 같다. 그러나 가톨릭 신자로서의 상황이 이전보다

---

* Deal W. Hudson and Matthew J. Mancini, eds., *Understanding Maritain: Philosopher and Friend*(Macon, GA: Mercer University, 1987), pp. 117-118에서 인용.

조금이라도 더 나을지에 대해서는 의구심을 피할 수 없구나. 교회는 어떤 이름이 붙건 교회니까. 똥더미지. 장로교 똥과 가톨릭 똥은 서로 소똥과 말똥만큼이나 다르다. 그러나 너와 내가 다 알다시피, 그 똥더미에는 보물이 들어 있어. 하지만 보석을 찾지 못하는 사람들이 너무나 많구나. 그들이 너무 빨리 포기한 걸까, 엉뚱한 것을 찾고 있는 걸까?

세 주 전, 연합그리스도 교회 목사가 이곳에 왔다. 펜실베이니아(게티스버그 근처)에서 여기로 오는 일로 안식년을 시작하기로 일 년 전에 정해 놓은 터였다. 그는 세 주 동안 하루 두 번, 한 번에 한 시간씩 대화를 요청했다. 아내와 함께 왔는데, 둘 다 쉰여섯이고 모두 배우자와 사별한 바 있고 결혼한 지는 오 년이 되었다. 첫 주는 다소 경직되어 있었지만 이후 마음을 다 터놓게 되어 좋은 대화를 나누었다. 그는 침례교에서 성장했지만 성찬식에 기반을 둔 대단히 목사답고 인격적인 스타일을 발전시켰다. 그는 참을성을 발휘하면서 천천히 목회를 진행해 왔고, 교인들이 의지를 보이는 정도 안에서 그들과 함께 일하는 데 만족하는 듯 보인다. 내가 보기에 교인들이 상당히 의지가 있는 것 같아. 그는 목사가 충분히 사랑하고 희생하고 초점을 잃지 않으면 대부분의 회중은 예배하는 법을 배울 수 있고 성숙한 삶으로 인도받는다는 나의 믿음을 확증해 주었다. 마지막 날에 네 엄마가 크랩키쉬*를 만

---

* 키쉬는 달걀, 우유에 고기, 야채, 치즈 등을 섞어 만든 파이의 일종이다—옮긴이.

들었고, 두 사람 모두 와서 함께 식사하며 마지막 대화를 나누었다. 두 사람 모두를 위한 환대의 분위기 가운데 함께할 수 있어서 좋았어. 이런 자리가 참 즐겁다.

『오두막』**이라는 작은 책 한 권을 함께 보낸다. 주노***에서 이 책 이야기를 했던가? 작은 출판사를 운영하는 사람이 내게 원고를 보냈던 책이다. 오래전부터 알던 사람인데 추천사를 부탁하더구나. 완벽한 책은 아니지만 대단히 매력적이었어. 네 엄마와 함께 소리 내어 읽었다. 비극적인 사건이 줄거리를 형성하지만, 이야기가 진행되면서 놀랄 만큼 풍부한 상상력과 내가 볼 때 정확한 내용의 삼위일체 해설이 펼쳐진다. 작가에 대해서는 아는 바가 전혀 없다. 첫 번째 소설이라는구나.

네 엄마와 나는 드루의 졸업을 고대하고 있다. 너도 알다시피, 졸업식에 맞춰 가지는 못하겠지만 축하하는 자리에는 갈 수 있을 거다. 기다리기가 힘들구나.

우리 주님의 평화를 빌며,
아빠가

** William P. Young, *The Shack: Where Tragedy Confronts Eternity*(Newbury Park, CA: Windblown Media, 2007); 『오두막』, 한은경 역(파주: 세계사, 2009).
*** 알래스카 주 주도―옮긴이.

서른한 번째 편지

∞

2007년 8월 31일 · 오순절 열네 번째 주

에릭에게

힘든 산불 기간이다. 세 주 동안 호수 건너편의 산도, 하늘의 해도 달도 별도 보이지 않았다. 재와 타고 남은 찌꺼기가 아침마다 데크에 가득했고, 창을 닫아 놓았는데도 그중 일부가 집 안으로 새어들었다. 우리는 이곳에 홀로 남았다고 진지하게 생각했고 전문가들을 통해 빠져나갈 길을 찾기 시작했다. 그러다 한 주 전, 갑자기 하늘이 열리더니 파란 빛이 보였다. 가시적 하늘 말이다. 네 엄마와 나는 한밤의 종말론적 기도모임을 중단했다.

　　카렌 고모가 건강 문제로 어려움을 겪고 있단다. 등에 극심한 통증이 있어. 신경이 척추에 걸린 것 같은데 진단이 확실하지는 않아. 이런 증상이 두세 달 이어지고 있다. 침, 두개천골요법, 카이로프랙틱, 유기농 식단, 통증클리닉 등 안 해본 게 없다. 진통제와 스테로이드 주사도 소용이 없구나. 현재 카렌 고모는 제정신이 아니고 심각한 우울증에 빠지기 직전이야. 이십 년 전에 우울증으로 큰일 날 뻔했지 않니. 다들 어찌할 바를 모르고 있다. 의료계의 누구도 어떻게든 나서서 책임을 지려 하지 않는 것 같구나. 나는 토요일 오후마다 카렌 고모와 마일스 고모부에게 가서 성찬식을 행하고 기름(네가 준 작은 유리병에 담았다)을 바른다. 그렇게 함으로써 네 고모의 상태나 필요의 수준에 좌우되지 않는 성례전의 객관성을 전해 주고 싶다. 케빈과 카렌과 아이들이 지난주에 다녀갔다. 이번 주에는 킴과 C. C.와 아이들이 머물고 있다. 가족 모임과 조카 손주들과 모두의 보살핌에도 불구하고, 네 고모는 점점 더 고립감을 느낀다. 어쩌면 그것들 때문인지도 모르지. 일주일 후에 통증클리닉에서 수술을 받기로 예약했다. 거기에 너무 많은(절박한) 기대를 걸고 있는 것 같아 우려스럽구나.

그들의 목사(빅포크 교회)는 목사라고 할 수 없다. 전화도 없고 심방도 안 해. 마일스 고모부가 지난번에 이렇게 말했다. "이 세상에 목사는 더 이상 없는 것 같아요." 빅포크 교회 목사는 '비전을 제시하는 일'에 빠져 있다.

어제 그리스도 우리 왕 교회의 한 성도에게 전화가 와서 한 시간 동안 통화를 했다. 나는 이십오 년간 그녀의 목사였다. 그녀가 주일학교에서 너를 가르쳤을지도 모르겠구나. 그녀의 이름은 엘리 딘이고 일흔다섯이다. 그리스도 우리 왕 교회에 줄곧 충실했고 린다 목사를 좋아하고 예배와 공동체를 좋아해. 하지만 TV(가톨릭 채널)에서 안젤리카 수녀를 보다가 그녀에게 완전히 매료되었다. 매일 밤 TV 앞에서 안젤리카 수녀와 함께 묵주기도를 한다는구나. 방송에서 활보하는 가톨릭 유명인사에게 도취되었어. 그녀는 개종하고 싶어 한다. 나는 공감하는 마음으로 들으려 노력했고 그녀를 긍정하려고 최선을 다했다. 돌아가는 상황을 이해하려고 했지. 그녀가 세인트마크 성당에 있든, 그리스도 우리 왕 교회에 있든 HS께서는 괜찮으실 거라고 안심시켰다. 그러나 그다음에 이렇게 말했다. "엘리, 당신이 RC로 개종하면, 당신에겐 목회자가 없을 겁니다.* 알고 계시죠? 사제들은 업무가 과중해서 심방을 하지 않아요. 심방은 그들에게 우선순위가 높은 일이 아니거든요. 당신이 병들고 죽어 갈 때 사제가 당신을 돌봐 줄 가능성은 낮습니다. 당신이 운이 좋다면, 병자성사 때는 나타날 수도 있겠지요." 그러자 그녀가 대답했어. "그거야, 거기에는 그런 일을 맡는 부제가 있잖아요." 그다음 그녀는 그동안 이야기를 나눠 온 여성 부제가 베네딕토 16세가 라틴 전통 미사를 되살려 낸 것과 부제들이 더 이상 영성체를 베풀 수 없게 된 것 때문에 속상해한다는 말을 덧붙였다. 그녀는 미사에 참석해 본 적이 없었다. 나는 그녀가 가톨릭에 대해 아는 모든 것은 TV 화면을 통해 접한 것이라고 지적했다. 대화를 나눠 본 적도 없고, 그녀가 전혀 아는 바가 없고, 그녀를 알지도 못하는 영적 스타들을 통해서 말이다. "그곳이

* 아버지는 이 편지를 쓸 때 약어를 사용하고 싶으셨나 보다. 혼란이 없도록 밝히자면 다음과 같다. RC: Roman Catholic(로마가톨릭), HS: Holy Spirit(성령).

당신이 살고 싶은 세계입니까?" 그녀는 그런 생각을 해본 적이 한 번도 없었다.

어쩌면 그녀에게 개종이 필요할지도 모른다. 나는 그녀를 아주 좋아해. 그녀는 남편을 여의고 혼자되었다. 그리스도 우리 왕 교회 시절에 나는 그녀의 가족과 아주 친하게 지냈지. 그러나 그녀가 가톨릭에 갖는 호감이 그저 로맨스가 아닌지, 로맨틱 영성이 아닌지 의심스럽다. 가톨릭계의 오프라 윈프리에게 넘어간 셈이지.

제프리 W.는 가톨릭 신자가 되기 위한 그의 목사직 사직이 결정된 노회 모임에서 세 그룹의 회중도 노회를 떠나 더 순수한 형태의 교회에 합류하기로 했다고 내게 말했다. 사람들이 배의 양쪽으로 뛰어내리고 있다.

한편, 나는 보통의 그리스도인과 신실한 목사로 만족하는 많은 이들과도 접촉하고 있다. 너도 그런 것으로 안다. 남은 자들은 늘 그렇듯 상당히 견고해 보인다.

나는 지금 쓰고 있는 내용을 제시하고 강화하여 견고하고 삼위일체적이며 세례에 근거한 교회론을 회복하기 위해 남은 세월 동안 내가 할 수 있는 일은 무엇이든 하고 싶구나.

우리 집을 찾기로 한 손님들의 예약 취소가 이어졌다. 실망스럽기도 하지만 놀랍게도 힘이 솟는다. 네 엄마와 나는 여러 친구들을 맞이하는 일을 아주 좋아하지만, 우리로서 존재할 시간과 공간을 갖는 일도 좋다. 제리 싯처는 보일러 문제 때문에 예약을 취소했고, 콘스탄스 수녀는 공기오염 때문에 일주일 예정의 방문을 취소했다. 머리 푸라 가족은 병이 나서 취소했고, 밴쿠버에서 올 예정이던 폴과 게일 스티븐스, 존과 릴리언 테이스는 수술 일정 때문에 취소했다.

이번 주에 네 번째 책 『비유로 말하라』를 끝마쳤단다. 그다음 날에 손님을 맞았지. 톰(우리는 그의 가족과 함께 저녁식사를 했다)은 십 년간 케냐의 월드컨선즈World Concerns에서 일했고 능숙한 컴퓨터 사용자인데, 내가 이메일 사용법을 모른다고 말했더니 완성된 원고를 담당 에이전트에게 전자메일로 보내 주겠다고 했다. 그는 메일을 전송했고, 나는 다음 날 전화를 걸어 원고가 잘 들어갔는지 확인했다. 그런데 문제가 생겼다. 알아볼 수 없는 내용만 보내진 상태였거든. 그리고 내 플래시 썬디스크*에 담겨 있던 원고의 절반이 보이지 않았다. 나는 기겁을 했지. 그러나 다른 변환프로그램을 써서 전체 내용이 복구되었고, 이제 원고는 어드만스 출판사의 품 안에서 안전하다. 이메일 문제로 씨름하는 과정에서 네가 두 주 전에 보낸 메시지를 발견했다. 새해는 아직 멀었지만 결심을 하나 했단다. 유진, 이 이메일이라는 기술세계에서 일하는 법을 배우자!

불과 유황, 카렌의 건강 문제, 교회의 결함, 알아볼 수 없는 이메일, 사라지는 손님들 사이에서 나는 종말이라도 맞이한 기분이다. 다시 요한계시록을 읽을 시간인지도 모르겠구나!

•   썬디스크 플래시 드라이브.

오늘 아침 편지를 쓰려고 앉았을 때만 해도 이런 불평을 늘어놓을 생각은 아니었다. 하지만 그렇게 되었구나. 지금과 같은 때에 회중 안에 있지 못하는 것이 정말 아쉽다. 모든 것이 하나로 어우러져 예배에 뿌리내린 곳, 모든 것을 구원 상태에 머물게 하는 예전적 리듬 안에서 건강한 사람과 아픈 사람, 죄와 거룩을 상대로 인격적이고 촉각적이며 청각적 관계를 맺는 자리에 있고 싶다. 너처럼 말이다.

우리 주님의 평화를 빌며,

아빠가

서른두 번째 편지

∞

2007년 11월 19일

에릭에게

비 내리는 토요일이다. 『부활을 살라: 영적 성숙』*Practice Resurrection* 의 에베소서 대목 중 한 장을 마쳤다. 이번 여름에 휘트워스 대학교에서 너를 만났을 때 첫 네 장에 대해 이야기했었는데, 그 후로 이 책에 대해 얼마나 말했는지 모르겠구나. 오늘 7장을 마쳤다. 절반 정도 왔지. 내년 5월까지는 원고를 마쳤으면 하는데, 그럴 수 있을 것 같다. 향후 이 년 동안은 거의 모든 강연 요청을 거절했거든. 달력에 빈칸들이 있으니 기분이 좋구나.

어제는 노회 모임 참석차 폴슨에 있었다. 한 시간 반의 강연 요청을 받았단다. 나는 사십 분 정도 강연을 했고 나머지 사십 분 동안에는 토론이 있었다. 강연은 잘 진행되었다. 우호적인 사람들이었어. 그러나 좀 지루한 느낌이 들기도 했다. 나는 교회와 에베소서의 몇 가지 주제에 관해 이야기를 했지만 피곤했고, 그 자리에 불꽃은 일지 않았다. 그들에게 너무 실망스럽지 않았기를 바랄 뿐이다.

에베소서와 교회를 다루는 작업을 하면서 나는 미국 교회의 무관심과 적대감에 더 노출된 느낌이 든다. 어제 노회에서 그랬다는 뜻은 아니다. 나는 글을 쓰면서 시류를 거스르고 있다는 느낌이 자주 든다. 교회와 회중이라는 영역에 급류가 휘몰아치는데 그것을 거슬러 올라가며 헤엄치고 있는 듯한 느낌이다. 그리고 허무감과도 싸워야 한다. 내가 다가가고 싶은 모든 사람에게 즉석에서 거절당하는 것 같기 때문이다. 그들은 주로 목사들이지만, 평소에는 교회를 거들떠보지도 않다가 뭔가 홍보해야 하거나 돈이 필요할 때만 교회를 이용하는 선교단체 사람들도 이 무리에 해당한다.

그러다가 가끔 희귀한 휴식시간이 주어진다. 콜버트 교회에서 너와 함께한 시간도 그중 하나였다. 너는 아주 잘하고 있다. 교회를 내부에서부터 이해하고, 교회를 **교회**로서 진지하게 받아들이지. 너희 교회에 갈 때마다 네 엄마와 나는 참으로 복 받았고 운이 **좋다**는 느낌이 든다. 우리가 건강과 거룩과 성숙함 한복판에 있음이 느껴진다. 그리고 나는 솜씨 좋고 거룩하게 교회를 이루어가는 다른 회중과 목사들이 많이 있음을 안다. 내가 마침 그런 일이 일어나는 자리에 자주 함께하지 못할 뿐이지.

그리고 소망을 북돋는 한 사례가 있다. 파일로 정리하지 못한 문서들을 뒤지다가 십사 년 전에 루이스 휘틀리가 내게 보낸 편

197

지를 우연히 발견했단다. 너는 그녀를 기억하지 못할 수도 있겠구나. 루이스는 12단계 모임 친구들의 초청으로 교회에 왔지. 남편은 알코올 중독자이고 아들은 심각한 마약 중독자이다. 그녀는 교회에 계속 나왔고 몇 달 후에는 그리스도인이 되었으며 나는 그녀의 목사가 되었다. 루이스에게 그것은 완전히 새로운 상황이었지. 그 이전에는 교회에 다닌 적이 없었고, 품위 있고 안정된 가정에서 자랐지만 종교와는 거리가 멀었어. 가족의 어휘에는 하나님이 없었지. 루이스는 상당히 뛰어난 예술가이고 여러 직물을 가지고 작업을 한다. 그리고 많은 예술가 친구들과 활발한 관계를 유지한다. 그녀의 목사로 지낸 지 대략 사 년 후에 네 엄마와 나는 교회를 떠나 밴쿠버로 갔다. 육성으로 나누던 대화를 편지로 이어 갔지. 방금 발견한 그녀의 편지를 싣는다. 내가 생각할 때 참으로 루이스답고 교회의 본질을 잘 보여주는 편지다.

목사님께

예술가 친구들 사이에 있으면 제 삶에 대해, 그러니까 교회 다니는 일에 대해 너무 방어적이 됩니다. 그 친구들은 제가 하는 일을 도무지 이해하지 못하고 다들 난처해합니다. 그래서 지나치게 티 내지 않으려고 노력합니다. 하지만 제게 교회생활이 점점 더 중요해지면서(이제는 생존에 꼭 필요한 것이 되었거든요) 친구들에게 마음을 숨기기가 힘들어졌습니다. 제 교회생활이 무시당하거나 별 볼일 없는 사소한 일로 여겨지는 것을 원치 않기 때문에 방어적이 됩니다. 마치 신성모독으로부터 보호하려는 것처럼요. 하지만 교회에 대한 제 마음은 분명해서 갈수록 가만히 있기가 힘듭니다. 교회생활이 부끄럽거나 창피해서 숨기는 것이 아닙니다. 그것이 하찮게 여겨지는 상황이 싫습니다. 오래 알고 지낸 아주 뛰어난 예술가 친구가 며칠 전에 질겁하며 제게 물었습니다. "네가 교회에 다닌다는 말이 들리던데 도대체 무슨 일이니?" 또 다른 친구는 제가 아이티로 3주간 선교 여행을 간다는 말을 듣고 믿을 수 없어 했습니다. "루이스, 교회 사람들하고 아이티에 간다던데 너 어떻게 된 것 아니니?" 저는 제 행동을 변호할 만큼 강하지 못합니다. 제가 흑마술이나 공중부양처럼 신기하고 이상한 활동을 하는 이교에 빠졌다면, 친구들은 오히려 훨씬 더 잘 받아들였을 겁니다. 하지만 교회에 다니는 것은 끔찍할 만큼 평범한 일이라고들 생각합니다. 하지만 저는 그래서 더욱 교회가 소중합니다. 교회나 12단계 프로그램의 표면적 평범함이 좋습니다. 그 평범함의 베일을 걷어 내면 정말로 비범한 삶이 그 안에 있음을 보게 됩니다. 하지만 그것을 남편이나 가까운 친구들에게, 심지어 저 자신에게 설명하려 해도 고립감과 무력감이 느껴집니다. 마치 그들 앞에서 벌거벗어야 하는 일 같습니다. 만약 제가 정말 그렇게 과감하게 나간다면 그들이 함부로 저를 경멸하지는 않겠지요. 그저 불쌍하게 여기고 말 겁니다. 지금 그들은 제 앞에서 약간 긴장하는 정도입니다. 제 마음은 쓰리고 울적하고 약해지고 스스로가 바보같이 느껴지기도 합니다. 하지만 세속 사회 안에서 바보가 되는 것이 그렇게까지 기분 나쁜 일은 아닌 것 같습니다. 그들의 입장에서 볼 때 저의 새로운 삶에는 보란 듯이 내세울 만한 게 별로 없겠지요. 제 삶은 회복되었다고 말할 만하지 못하니까요. 많은 슬픔과 어려움이 잠시 아무는가 싶다가도 다시 터져 버립니다. 하지만 솔직히 말씀드리면 6월 이후로는 약을 먹지 않고 있고, 저는 그것만으로도 감사합니다.

예술가 친구들에게 제 자신을 설명하려 할 때면 마치 제가 물질 세계와 비물질 세계 사이를 비행하는 행글라이더에 매달린 듯한 느낌이 듭니다. 저 밑에 드리워진 행글라이더 그림자를 보고 친구들이 말하지요. "봐, 그냥 그림자놀이일 뿐이잖아." 그림자놀이의 즐거움을 제대로 음미하려면 바보여야 하는지도 모릅니다. 그 그림자는 미지의 것, 값을 치르지 않은 것, 거저 주어진 것에 주목할 때 드리워지니까요.

여기까지가 그 편지의 내용이다.

이 편지를 쓰기 얼마 전까지만 해도 루이스는 교회에서 배운 바가 없고 성경도 모르던 사람이었다. 그녀의 편지는 내 눈에 보석 같구나. 그녀는 교회에 대해 어떤 낭만적 환상도 없다. 자신이 친구들이 만족할 만큼 교회를 잘 변호하거나 설명하지 못한다는 것을 안다. 그녀가 하는 일을 아무도 이해하지 못해서 늘 변명하는 심정이 된다. 그러나 그녀는 자신에게 주어진 것을 받아들였다. 자신을 매달고 있는 약해 보이는 행글라이더 교회, 그녀의 말대로 "값을 치르지 않은 것, 거저 주어진 것"인 신비를 경험하게 하는 그 교회를 말이다. 그녀는 거기에 있다. 거기 있지 **않을** 도리가 없었다. 그녀는 거기서 좋은 사람들, 뭔가를 이룬 사람들, 예술가들을 만나길 기대하지 않았다. 그러나 그녀는 교회 문제에서 예술가다. "나를 보지 말고, 저기 아래에 드리운 그림자를 보세요. 그림자놀이를 보세요. 그러면 하나님이 하시는 일이 보일지도 몰라요." 그녀는 교회에 대해 아는 것이 별로 없지만, 교회가 무엇인지는 안다. 예술가의 직관으로, 자신이 매달려 있는 행글라이더의 인대와 힘줄과 구조를 지탱하는 에너지를 인식한다. 연약해 보이는 그 행글라이더 교회가 지상에 그림자를 드리우는 것을 그녀는 그림자놀이라고 부른다.

그녀는 여전히 그 안에 있고, 여전히 행글라이더를 타고 있다. 두 번 정도 네 엄마와 나를 보러 이곳에 왔었지. 나는 그 편지를 완전히 잊고 지내다가 이번에 발견했다.

루이스 때문에 좀 흥분했던 것 같구나. 그녀의 편지를 내 원고에 집어넣을 방법을 찾을 수 있을 것 같다.

교회 이야기가 하나 더 있다. 이번에는 그렇게 영광스러운 이야기가 아니다. 제프 티플스는 화이트피시에 있는 그리스도 루터 교회의 부목사로 십 년간 일했다. 그와 그의 아내 크리스는 팔 년 동안 매달 네 엄마와 나를 만나러 왔지. 그런데 최근 들어 그 교회의 상황이 안 좋아졌단다. 그 교회 담임목사는 인간미 없는 야심

가인데, 교회를 동원해('협박했다'는 말이 사실에 더 가깝겠다) 오백만 달러 규모의 건축 사업에 나섰다. 그 사업은 잘 진행되지 않고 있다. 나는 그 사람을 잘 아는데, 두 번 나를 찾아와 돈을 요청했다(하지만 얻지 못했다). 스트레스를 많이 받고 있지. 그는 효율성과 생산성을 강조하는 밀어붙이기식 보스형 리더로 변해가고 있다. 교회 직원으로 일하던 크리스를 해고했고, 제프의 일을 시간 단위로 점검하고 주간보고서를 요구하여 검토하고 비판했다. 상황이 참을 수 없는 지경에 이르자 제프는 감독을 찾아가 교회를 떠나겠다고 했다. 그리고 겨우 여섯 주 만에 미네소타에 있는 어느 건강한 교회의 담임목사로 와달라는 전화를 받았다.

그런데 문제가 있다. 이번 주가 그들이 기존 교회에서 보내는 마지막 주일이고 존 목사는 이번 주일 예배 후에 송별식을 열기로 계획했다. 그 시간에 당회가 그들에게 안수하고 감사의 말을 전한다는 것이지. 크리스는 송별회 참석을 거부하고 있다. 존 목사는 크리스를 해고한 이후 한 번도 그녀에게 말을 걸지 않았지. 제프 역시 송별회가 달갑지 않다. 그는 존 목사가 생색을 내고 싶어 한다고 생각한다. 그래서 제프는 내게 그 자리에 참석하여 축복기도를 해줄 수 있느냐고 물었다. 나는 존 목사가 개인적으로 나를 초청한다면 그렇게 하겠다고 대답했지. 존 목사가 나를 초청하지 않을 거라고 생각했지만 그는 나를 초청했다. 그래서 내일 네 엄마와 함께 그리로 간다. 나는 최선을 다할 것이다. 그러나 그 교회는 내가 축복기도를 준비하고 있는 지금 이 시간에도 해체되고 있다.

카렌과 마일스는 시애틀에서 의료적 도움을 구하고 있다. 이곳 의사들과는 일이 잘 풀리지 않았다.

한스의 생일이 월요일이다. 한스는 저녁을 먹으러 여기 오고 싶어 한다. 마카로니와 치즈, 햄버거와 콩을 주문했다. 클라크 하우스 요리 스타일로 맘껏 먹게 될 것 같구나.

편지가 장황해서 미안하다. 목사 이야기를 나눌 상대가 필요했단다!

사랑한다, 에릭!

아빠가

서른세 번째 편지

∞

2008년 1월 5일

에릭에게

베티의 추모예배, "세례의 완성"(네가 이 문구를 사용하는 것을 들으면서 나도 좋아하게 되었다)이 오늘 있었다. 네 엄마와 나는 그 자리의 슬픔과 축하에 모두 참여했다. 베티 같은 사람이 너의 인생에, 특히 교회생활의 기초를 닦던 시절에 네 곁에 있었다는 사실이 우리는 너무나 감사하구나.

어떤 면에서 나는 베티 같은 기도의 사람, 성숙한 사람, 언제나 뒤에서 받쳐 주는 사람이 있는 네가 부럽다. 그녀는 자신의 '리더십 은사'에 대한 자의식이 없었고, 결코 자신을 내세우지 않았다. 회중 안에서 그녀는 교회의 (머리가 아니라) 몸으로 사는 일의 의미를 드러내는 생생한 본이 되었을 거라고 나는 상상해 본다. 나에게는 베티처럼 본이 되는 사람이 없었다. 내 주위에 그런 사람이 존재한다는 사실조차 몰랐기에 아쉬워했던 적도 없다. 그러나 돌이켜 보니 그런 사람이 아쉽구나.

그녀가 세상을 떠나기 전에 네가 시카고로 갈 수 없었던 것이 유감이다. 네 엄마와 나는 우리가 전에 겪었던 그런 경우들을 이야기했단다. 그런 일이 있을 때마다, 나는 그 자리에 있지 못해서 소중한 것을 빼앗긴 느낌이 들었다. 찰라 브라이언트, 조지 무어, 에드먼드 스카보로, 클로이 브라운(이디스 브라운의 손녀로 요람사했다), 캐시 스튜어트……. 우리는 이들이 죽음을 맞을 때 멀리 떨어져 있었다. 모두 우리가 잘 알고 서로를 위해 많이 기도하며 예배와 삶의 중요한 부분을 함께했던 사람들이었다.

카렌과 마일스가 시애틀에서 여덟 주를 보내고 월요일에 돌아왔다. 네 엄마와 나는 우리가 그들을 위해 해야 할 적절한 일을 분별하느라 애를 먹고 있다. 카렌과 마일스가 집을 비운 시간 동안, 우리는 지난 한 해에 얼마나 많이 정서적으로 소진되었는지 깨달았다. 카렌의 척추상태는 서서히 악화되었고 통증도 서서히 심해졌지. 의료적 도움을 받기 위해 필사적으로 노력했고 그 부분에서 실망이 누적되었다. 그들이 돌아올 날이 다가옴에 따라, 우리는 불안이 엄습하는 것을 발견했다. 지난 몇 달간 네 엄마는 카렌과 마일스를 위해 많은 식사를 준비했고, 그들이 돌아온 이번 주부터 다시 식사를 준비하고 있다. 그 일은 희생을 요구한단다. 우리는 그 일의 수렁에 빠지고 싶지 않다. 하지만 이런 일이 바로 옆집에서 일어난다면 우리는 어떻게 할까? 마일스는 훌륭하게 배려하고 인내하는 모습을 보여주지만 지쳐가고 있어. 그리고 식사 준비에 있어서는 도움이 안 되는구나. 요리를 전혀 할 줄 몰라. 그래서 우리는 대화하고 기도하면서 분별의 지혜를 기다린다.

성탄절 선물 고맙다. 장갑이 따뜻하고 멋지구나. 네 엄마가 내게 회중시계를 줬다. 기존의 회중시계가 몇 달 전에 멈추었거든. 덕분에 지금은 시간에 뒤처지지 않고 있다.

우리 주님의 평화를 빌고 사랑을 전하며,

아빠가

서른네 번째 편지

∞

2008년 2월 1일

안녕, 에릭. 생일 축하한다!

트랙을 한 바퀴 더 돈다. 또 다른 산 정상에 오른다. 크랭크를 한 번 더 돌린다. 케이크 촛불을 또 한 번 끈다. 개머리판에 또 하나의 표시를 새긴다. 그 외에 생일을 기념하는 방식이 얼마나 많을까?

　우리가 너에게 이 얘기 했던가? 볼티모어의 유니온메모리얼 병원에서 네가 태어난 뒤, 네 엄마와 내가 너를 차에 태우고 집으로 돌아가던 길이었다. 주 경찰 순찰차가 따라오는 것이 보이더구나. 하지만 크게 신경 쓰지 않았다. 오히려 위험하게 뻗은 1번 도로에서 경찰의 호위를 받아 상당히 기분이 좋았지. 나는 너를 집으로 무사히 데려가는 일에 열중하며 제한속도보다 훨씬 천천히 운전했고 모든 규칙을 지키고 있었다. 그런데 사라토가 드라이브에 접어들었을 때, 순찰차가 뒤로 바싹 따라붙으면서 바로 사이

렌을 울렸다. 차를 세웠지. 경찰관이 나오더니 내가 메릴랜드 택을 붙여야 하는 네 달의 법정시한을 넘긴 뉴욕 번호판을 달고 운전을 하고 있다고 말했다. 나는 그 길에서 줄곧 경찰의 감시를 받고 있었던 것이다. 시한을 한 주 넘긴 상태였다. 나는 경찰관에게 모든 것이 너 때문이라고 설명했다. 경찰관이 잘 볼 수 있게 네 엄마가 너를 들어 올렸지. 그는 감동을 받았어. 너를 한번 보더니 그 법을 어길 만한 최고의 이유라는 데 동의하더구나. 그는 딱지를 끊지 않았다. 나는 너의 새 집까지 경찰 에스코트를 해준 그에게 감사를 전했다. 그는 자신이 한 일을 뿌듯해하는 것 같았다.

그날 이후 우리는 줄곧 뿌듯했단다. 너의 모든 생일마다 추억들이 풍성히 쌓였지. 그리고 이제 오늘, 너의 인생과 네가 살아온 방식에 대해 깊이 감사한다. 네가 네 엄마와 나를 명예롭게 했던 수많은 방식들, 남편이자 아버지로서 아낌없이 발휘한 지혜와 사랑, 목회 소명을 감당해 온 능숙하고 너그러운 방식들, 세례 받은 자라는 정체성을 가지고 기도하며 사려 깊게 살아온 나날들을 감사한다.

그래서 생일이 너에게 어떤 의미가 있건, 너의 생일은 네 엄마와 나에게 행복한 날이었다. 지금도 그렇고 앞으로도 계속 그럴 것이다.

고마움을 전하며,
아빠가

서른다섯 번째 편지

∞

2008년 5월 18일 · 삼위일체 주일

에릭에게

이틀 전, 마침내 봄이 왔다. 어제는 봄의 모든 일이 터지더구나. 사방에서 새들이 보이고, 들꽃들이 발밑에서 폭죽처럼 피어나고, 호수 물이 불어났다. 아침에는 글을 썼지만, 오후에는 내내 바깥에 나와 있었다. 여름 가구에 여름용 쿠션을 올리고 화단을 정리하고 출입구의 잔디를 깎았지. 네가 여기 머무는 동안 패어 놓은 장작은 일찌감치 잘 쌓아 두었다. 마일스가 기울어지는 죽은 나무를 베었는데, 의도했던 곳으로 쓰러지지 않아 부두가 움푹 팼지만 나쁘진 않다. 이렇게 주위가 깔끔해지고 있다.

우리는 금요일 저녁에 제1회 연례 휴즈베이 순회 디너파티를 벌였다. 먼저 존과 조운 그린 부부의 집에서 애피타이저를 먹었는데, 남단에 위치한 크고 대단히 매력적인 그들의 집에는 오리

지닐 예술품들과 존이 아프리카 사파리 여행에서 구해 온 장식용 박제들이 벽마다 걸려 있었다(존은 네브래스카에서 온 신경외과의사인데, 그곳에서 크게 성공했던 것 같다). 그다음에 존과 켈리 스웬슨 부부의 집으로 갔다. 사우어 부부 집 동쪽에 위치하여 루터교 캠프장을 정면으로 바라보는 운치 있는 통나무집에서 주요리를 먹었지(스웬슨 부부가 주관한 행사였다). 디저트는 우리 집에서 대접했다. 스무 명 정도 참석했고 그중에는 네 엄마와 내가 잘 모르는 사람들도 있었다. 마음이 잘 맞고 흥미로운 대화를 나눈 푸근한 자리였단다. 다들 서로가 마음에 드는 눈치였다! 우리는 날마다 만나는 사이가 아니다. 그래서 아주 반가운 자리였지. 게다가 지금은 시의적절하게도 여름이 시작되기 직전, 여름의 열띤 활동이 시작되기 직전 아니냐. 모두가 이 모임을 계속 이어가고 싶어 한다.

네 엄마와 나는 너와 함께 어머니날(오순절) 기간을 보내고 집으로 차를 몰고 돌아오면서 여운을 만끽했다. 너와 네 아이들과 함께한 시간을 이야기하며 음미했지. 당연히 네 회중과 함께한 시간도 이야기했다. 참으로 복된 회중이다. 공동의회가 순조롭게 진행되어 기쁘구나.

우리의 친구인 웨이드와 캐롤 메이슨 부부가 삼 년 전에 곰보버섯을 캐러 가면서 우리를 데려갔었는데, 이번에도 같이 가자고 청했다. 내일 아침이다. 작년에 탤리 호수 근처의 칼리스펠 북서쪽에서 큰 산불이 났고, 그로 인해 곰보버섯 수확에 유리한 조건이 만들어졌다. 내일 아침 일찍 출발해서 무엇을 찾을 수 있는지 볼 생각이다.

회고록에 적당한 리듬과 '음성'을 찾은 것 같다. 40쪽 정도 썼는데 내가 원하는 것이 무엇인지 알 것 같구나. 집필을 앞두고 이 문제로 상당히 불안했다는 이야기를 했었지? 전에는 이런 식으로 써본 적이 없다. 내게는 언제나 텍스트가 있었지. 회고록은 드러나는 부분이 훨씬 많고 다소 조심스럽게 느껴진다. 하지만 다른 이의 조언을 구하고 싶지는 않았다. 다른 사람의 생각에 영향을 받아 내가 어떤 사람인지, 회고록을 어떤 방식으로 써야 하는지를 결정하고 싶지 않았다.

릭은 내게 회고록 집필을 제안하면서(이 이야기도 했지?) 관심을 보이는 출판사가 두 곳이라고 했다. 그중 한 출판사는 세 명의 임원을 이곳으로 보내 계약을 권유했다. 릭이 그 자리에 합류했지. 그들은 강하게 밀어붙이며 내가 해야 할 일을 정확히 말했고 '업계 최고의 회고록 편집자들'을 보유하고 있음을 알렸다. 우리 집 거실에 세 시간 동안 머물면서 열을 올렸고 거액의 선인세를 제의했다. 그들은 내게 아무것도 묻지 않았고, 네 엄마나 나를 알려는 어떤 시도도 하지 않았지. 그들의 회사가 가장 규모가 큰 기독교 출판사이고 이 책을 베스트셀러로 만들 수 있다는 인식에서 오만함이 풍겨 나왔다. 그날 우리는 우리의 거실에서 밀려나는 느낌이 들었다. 그들의 일은 '사역'으로 위장한 사업일 뿐이었다. 이 년 전에 예전에 다닌 신학교 동창회 행사로 뉴욕시에 갔을 때, 네 엄마와 나는 그리니치빌리지의 작은 식당에서 바이킹 출판사의

211

편집자 및 발행인과 점심식사를 같이 했다. 두 여성 모두 그리스도인이었지만(한 명은 가톨릭 신자, 한 명은 루터교인이라는 것을 나중에 알게 되었다) 거기에 대해서는 침묵했다. 그들은 느긋하고 편안했다. 두 시간 동안 대화를 나누면서 우리는 서로를 알아갔다. 회고록에 대한 언급은 없었다. 그저 서로에 대한 이야기뿐이었다. 나중에 그들은 릭 편으로 선인세를 제의했는데 이전 출판사에서 제안한 액수의 절반이었다. 릭이 선인세를 올리려 하자 그들은 그 이상은 안 되겠다고 답했다. 그러나 우리의 결정은 분명했다. 두 말할 것도 없이 바이킹 출판사였다. 나는 릭이 실망했다는 것을 안다. 거액을 제안했던 출판사 사람들은 우리의 결정을 알고 나서 분노했지. 릭에게 전화를 걸어 해명을 요구했고 선인세를 더 주겠다고 말했다. 릭은 이런 일을 잘 처리한다. 그는 솔직하게 대처했다. 그들은 우리의 공간을 점령하고 우리를 압박한 반면, 바이킹 출판사는 우리에게 복음주의적 영업의 대상이 되지 않는 품위를 선사했다고 말했다.

극성 복음주의자들을 참아내기가 점점 힘들어지는구나. 네가 철저히 복음적이면서도 복음주의의 하부문화를 받아들이지 않는 회중을 키워 낼 수 있었던 것이 너무나 기쁘다. 그리고 빌 로빈슨과 [그가 총장으로 있는] 휘트워스 대학교로부터 이와 비슷한 지지와 인정을 받는다는 것이 기쁘다(아직 그의 원고를 읽지 않았는데 이번 주에 읽으려 한다).

출판사를 정했으니, 30쪽 정도를 더 쓴 뒤에 총 60에서 70쪽의 원고를 바이킹 출판사의 담당편집자 캐롤린에게 보내어 점검을 받아 볼 생각이다. 내가 쓸 수 있고 쓰고 싶은 내용의 가닥을 제대로 잡았는지 확인할 수 있겠지. 원고의 마감시한은 2009년 6월 15일이다. 내가 방향을 완전히 잘못 잡았다 해도, (가능하다면) 접근방식을 바꾸거나 선인세를 돌려줄 시간이 있을 거다.

수도원에서의 리트릿이 잘 진행되었기를 바란다. 네가 메이스킨스가 말한 '게으른 목사'가 되는 법을 배워서 기쁘구나. 그는 아마 '관상적'이라는 단어를 들어 보지도 못했을 거다.

한결같은 사랑과 우리 주님의 평화를 빌며,

아빠가

서른여섯 번째 편지

∞

2008년 7월 21일

에릭에게

너와 함께 빌의 책* 서문을 쓰는 작업을 하면서 계속 경험하는 즐거움을 곱씹고 있다. 그 일이 거의 전적으로 너의 작업이고 나는 얹혀 가는 느낌이라서 더 즐거운 것 같다. 너는 중년이고 나는 노년인 이 시간에 우리가 이런 일치감을 느끼는 것이 결코 당연한 일이 아님을 나는 잘 안다.

바르트의 서간집 한 권을 다시 읽고 있다. 이 책은 1960년대 초 그가 미국을 방문하고 난 뒤에 쓴 편지들로 시작된다.** 네 엄

---

* Bill Robinson, *Incarnate Leadership: 5 Leadership Lessons from the Life of Jesus*(Grand Rapids, MI: Zondervan, 2009); 『리더여 내려오라』, 임신희 역(서울: 크리스천석세스, 2010).

** Karl Barth, *Letters: 1961-1968*(Grand Rapids, MI: Eerdmans, 1981).

마와 나는 그가 미국에 있을 때 프린스턴에서 강의하는 것을 들었다. 우리가 벨 에어로 오기 직전의 일이지. 그는 일흔다섯 살이었고 바젤의 교수직에서 막 은퇴한 시점이었다.

바르트는 이 서간집에서 바젤의 교수직에서 '불명예스럽게 밀려났다'는 표현을 몇 번이나 쓴다. 나는 그 일의 자세한 내용뿐 아니라 그 일이 그를 얼마나 괴롭게 했는지도 잊고 있었다. 바젤의 교수진은 바르트의 승인을 받아 그의 후계자(헬무트 골비처 Helmut Gollwitzer)를 만장일치로 지명했었다. 그런데 대학 측은 그들의 바람을 무시하고 바르트와 전혀 다른 방식으로 신학을 하게 될 사람(하인리히 오트 Heinrich Ott)을 후임으로 지명했다. 그는 바르트에게 공감하지 않고 그와의 연속성도 없는 인물이었다. 자세한 내용은 모르지만, 바르트는 정치적 책략을 둘러싼 '불경한 악취', '고립' 같은 표현을 썼고, 그가 지도하는 열두 명 남짓의 박사과정 학생을 만날 때는 대학 건물에 들어갈 권한이 없어서 근처 식당이나 그의 집에서 보아야 했다.

바르트는 20세기의 위대한 신학자, 어쩌면 20세기 최고의 신학자로 존경받으나, 자신이 방금 은퇴한 대학에서 '불명예스럽게 밀려난' 느낌을 받는 것은 너무나 슬픈 일이다. 그리고 이 편지를 쓰는 나는 당시의 바르트처럼 일흔다섯 살이 되었다. 나는 네가 개인적으로 가정에 충실하고 목사로서의 소명에도 충실한 삶을 살고 있음을 안다. 나는 여기서 너와의 큰 연속성을 느끼고 즐거움을 맛본다. 네가 나를 기쁘게 해주려고 그러는 것 같은 느낌은 없다. 너는 결코 나를 모방하지 않으니까. 너는 자신의 모습에 충실한 방식으로 그 일을 해냈다. 그 방식은 나에게도 엄청난 즐거움을 선사했지. 나는 정말 운이 좋은 사람이다. 고맙다.

회고록을 열심히 쓰고 있고 자신감이 조금씩 커진다. 하지만 내가 어떤 종류든 미국 목사의 본이라는 인상을 심어 주는 일만은 가능하면 어떻게든 피하고 싶구나. 나는 목회 소명이 더없이 상황 특정적이라고 확신한다. 목사가 겪는 감정부터 교회에서의 경험, 적성에 이르는 모든 것이 역사와 문화의 이 시기에 회중 안에서 펼쳐지는 방식은 모두 다르다. 남을 따라 해서는 안 된다. 성공을 추구해서는 안 된다. 그러나 그 일을 해내면서도 다른 사람이 청사진으로 삼을 수 있을 만큼 그 일을 '제대로' 해낸 사람으로 보이지 않을 방법은 무엇일까? 모든 목사는 다 다르다. 똑같은 결혼생활이 없는 것과 마찬가지다. 목사의 소명이 잉태되고 발육하고 태어나는 방식은 각 목사마다 독특하다.

그러면 내가 바라는 것은 무엇일까? 나는 상상력을 발휘하여 이것을 명확히 파악하려고 노력하고 있다. 지금 너에게 이런 내용을 쓰는 것도 "이것을 명확히 파악"하려는 시도다. 물론 목사의 정체성에 대해 북미에서 많은 혼란이 있다는 것을 나도 안다. 많은 목사들이 회중에게 실망하거나 환멸을 느끼고 몇 년 만에 목회 현장에서 이탈하여 좀 더 마음에 맞는 일을 찾는다. 그리고 많은 회중이 목사에게 실망하거나 환멸을 느끼고 기존 목사를 물러나게 한 뒤 더 마음에 드는 목사를 찾는다. 내가 잘못 생각한 것이 아니라면, 이런 이탈과 해고의 확산세는 전염병 수준에 이르렀다. 이 회고록을 어떤 식으로든 활용하여 목사들 및 여러 회중과 대화한다면 유용하겠다는 생각이 계속 든다.

오늘날 만연한 '이탈과 해고'의 상당수는 그 뿌리에 리더는 "일을 해내는" 사람, "일을 벌이는" 사람이라는 일종의 문화적 가정이 자리 잡고 있지 않나 싶다. 유명인사와 운동선수들에게 스며든 주된 리더십 모델에는 이런 가정이 분명히 적용되지. 그러나 목사의 경우는 다르다. 일을 벌이고 해내는 요소들도 어느 정도 있지만, 이천 년에 걸친 목회 전통의 공통 요소는 '일이 되게 하는' 것이 아니라 인간과 인간 사이에서 인간 및 하나님과 관련하여 "지금 일어나고 있는 일"에 주의를 기울이는 것이다. 그 일은 구체적인 현장에서 일어나고 철저히 인격적인 방식으로 일어난다.

나는 세속 리더십을 논박하거나 비판하고 싶지는 않다. 목사를 이해하는 또 다른 방식을 증언하고 싶을 따름이다. 그것은 측정할 수도 헤아릴 수도 없고 보통은 눈에 띄지도 않는다.

나는 하나님 나라에서 살아가는 목사의 아주 겸손하고 종종 모호한 삶의 방식에 존엄을 부여하고 싶다.

오늘날의 목사들은 이천 년의 실천과 전통이 폐허가 되어 버린 삶의 방식에 들어선 셈이다. 우리 선조들과의 연속성은 사실상 존재하지 않는다. 우리 세대의 목사들은 "요셉을 알지 못하는"*

---

* 출애굽기 1:8, 사도행전 7:18.

세대에 풍부한 의미를 담고 있고 모든 것을 포괄하는 그리스도의 생명을 전달하고 육성하는 일을 완전히 새로 시작해야 한다는 느낌을 받는다. 이런 문화적 조건에 직면한 많은 이들이 목사의 소명을 폐기하고 그것을 종교적 사업전략으로 대체하고 있다. 그들을 비판하는 것은 아니지만(글쎄다, 조금 비판하긴 한다만!) 나는 종교적 사업전략보다 훨씬 소박해 보이는 목사 소명의 정당성을 입증하고 싶다. 목사가 하나님 나라 사역에서 가장 중요한 위치를 차지하지는 않지만 쓸모없는 존재는 아니다. 절대 그렇지 않다.

앤 타일러의 소설 『어쩌면 성인』* 기억하니? 이것이 목사 옆에 붙여야 할 좋은 수식어가 아닐까? 어쩌면 목사? '어쩌면'이라는 수식어는 전문지식을 부인하는 단서인 동시에 목사의 소명에 언제나 포함되는 모호성을 떠오르도록 하는 역할을 한다. 어쩌면 목사. 목회 일을 어떻게 해야 한다는 문화적·교회적 합의가 사라진 지금의 상황에서는 우리 중 그 누구도 우리가 목사로서 하는 일이 무엇인지 확신할 수 없다. 그저 '어쩌면'이라고 말할 뿐이다. 윌리엄 포크너William Faulkner는 책을 어떻게 쓰느냐는 질문에 이렇게 대답했다. "바닥에 흩어져 있거나 날아다니는 판자 또는 널빤지를 되는 대로 잡아서 재빨리 못질을 합니다."

내가 잘 알고 존경하는 대부분의 목사들은 자신이 하는 일의 많은 부분에서 커다란 불확실함을 경험한다. 회고록이 그런 면모

---

*   Anne Tyler, *Saint Maybe*(New York: Ivy Books, 1991); 『날기를 잊어버린 남자』, 정성호 역(서울: 예본, 1991).

를 환히 드러내기에 적합한 형식을 제공할까?

하지만 『어쩌면 목사』라는 제목의 책을 살 사람이 있을까?

내가 늘어놓은 질문들에 답을 할 필요는 없다. 나는 그저 어떤 생각을 거쳐 회고록에 이런 내용이 들어가게 되었는지 누군가는 알아주길 바랐을 뿐이다. 나는 계속 써 나갈 거다.

한 주 좀 더 지나면 너를 보겠구나!

사랑을 담아,
너의 아빠가

서른일곱 번째 편지

∞

2010년 6월 21일

에릭에게

어제는 네 엄마와 나에게 아주 중요한 날이자 감사의 시간이었다. 어제 오후 미줄라에서 카렌과 헤어지고 집으로 차를 모는 두 시간 동안 우리는 너와 네 아이들과 함께 보낸 날 맛본 심오한 질감의 경험에 대해 이야기했다. 너의 목사 안수 20주년 기념일과 아버지날, 이렇게 이중의 축하를 하는 자리였지.

웅대한 산맥의 그늘 아래로 북쪽으로 달리면서 네 엄마와 대화를 나누며 했던 생각 중 일부를 풀어내려면 편지를 써야 했다. 디모데 편지와 비슷한 편지 말이다. 지난 이 년간 주고받은 이메일은 멋졌다. 그 이메일들은 지옥에 내려가는 것 같은 그 상황*에 따라오던 매일매일의 고통과 외상들을 다루기에 적격이었지. 그러나 오늘 아침에는 지금 내 안에서 꿈틀대는 생각, 과거와 현재를 넘나들고 우리가 공유한 삶의 많은 부분들을 아우르는 생각을 표현할 보다 사색적인 매체가 필요하구나.

시편 21편이 떠오른다. 내가 어제 회중 앞에서 말한 대로, 나는 우리가 하고 있는 일에 초점을 맞추어 줄 단어를 두세 주 동안 성경에서 찾고 있었다. 그러다 토요일 저녁, 클라크 하우스에서 성경을 훑어보다가 그 단어를 발견했다. 시편에서 나를 사로잡은 그 단어는 'bless'(복을 내리다)였다. "주님께서 영원한 복을 왕에게 내려 주시고."** 너는 네가 어디에 있고 너의 삶(우리 삶)에서 어떤 일이 벌어지고 있는지 길게 숙고한 글을 쓰고 난 뒤, 며칠간의 리트릿(장소가 인디애나였던가?)을 마치고 "나는 복을 받은 사람입니다"와 비슷한 말을 내게 써 보냈다. 멋들어지고 비범한 표현이었지. 하지만 어떤 식으로도 억지스럽거나 작위적이지 않았다. 네 삶의 현실을 진술하기에 합당한, 현존하는 가장 성경적이고 정확한 단어인 것 같았다. 지금도 분명히 그렇다.

이런 생각은 어제 예배를 마친 뒤 세부적으로 더욱 강화되었다. 많은 교인이 내게 와서 자신들의 목사인 너에 대한 감사를 표명했기 때문이다. 그들은 내가 그곳에 갈 때마다 늘 그렇게 한다마는, 어제는 그런 교인이 유달리 많았다. 한 여성이 건넨 말이 통

---

* 아내 린이 떠나고 에릭의 첫 번째 결혼이 파경으로 끝난 일의 전후 상황을 가리킨다. 그 상황은 에릭에게 정서적으로 극심한 고통의 시간이었다. 이 년에 가까운 그 기간 동안 유진 피터슨은 매주 일요일 아침에 아들에게 이메일을 보냈다―옮긴이.

** 시편 21:6(새번역).

221

찰력 있으면서도 특징적으로 와 닿았다. "저는 우리 목사님 설교가 관상적이라서 좋습니다. 잠시 말을 멈추고 딱 맞는 단어를 기다리듯(그런 단어를 주시도록 기도하듯) 침묵이 흐르게 두는데, 그러고 나면 단어가 나타납니다. 딱 맞는 단어가 등장해요."

아버지날에 너의 아이들과 함께한 보너스 같은 식사. 그것은 기대하지 않은 일이었단다. 그런 일이 그처럼 즉흥적으로 일어날 확률이 얼마나 될까? 식당으로 차를 몰고 가는 길에 세이디가 평소보다 말을 많이 했지. 세이디는 할머니가 교사 훈련을 받았고 결혼하고 첫해에 학생들을 가르쳤다는 사실을 듣고 나서 이렇게 말했다. "저는 선생님이 되어서 초등학교 1학년을 가르칠 거예요." 그런 다음 자신과 할머니의 공통점을 열거하기 시작했다. "우리 둘 다 2학년을 건너뛰었어요. 우리 둘 다 세 번째 아이고 1학년을 가르치는 것이 우리의 일이예요." 아이는 정말 활기가 넘쳤지. 세이디가 그렇게 자신과 할머니를 연결시키는 것을 들으니 몹시 기뻤다.

그리고 이건 어제 너에게 말한 것 같다만, 네 엄마와 내가 주차장에서 눈에 띄지 않고 이목을 끌지 않으려 하고 있을 때 엘리자베스*가 우리 옆에 주차를 했다. 엘리자베스는 바로 우리를 알아보았고 우리는 서둘러 입을 다물게 했지. 그래서 그녀는 다른 누가 알아차리기 전에 '비밀'의 일부가 되었다. 나는 그것도 선물

---

* 에릭 피터슨의 두 번째 아내—옮긴이.

이었다고 생각한다.

요즘 들어 네 엄마와 나는 소명적으로도 부모로서도 네 표현처럼 우리의 세례를 완성하는 과정에 있다는 인식이 점점 강해진다. 어제는 너의 가족과 교인들 가운데 삼대를 아우르며 힘있게 드러난 깊고 깊은 연속성을 경험한 큰 선물 같은 날이었다. 우리는 기뻐하면서 집으로 돌아왔다. 고맙다. 우리는 너를 사랑한다.

우리 주님의 평화를 빌며,
아빠가